U0744252

中華古籍保護計劃

ZHONG HUA GU JI BAO HU JI HUA CHENG GUO

·成果·

（晋）郭璞 注

宋本山海經

國家圖書館出版社

圖書在版編目(CIP)數據

宋本山海經/(晉)郭璞注.—北京:國家圖書館出版社,2017.12(2024.9重印)

(國學基本典籍叢刊)

ISBN 978-7-5013-6252-3

Ⅰ.①宋… Ⅱ.①郭… Ⅲ.①歷史地理—中國—古代 Ⅳ.①K928.631

中國版本圖書館CIP數據核字(2017)第231010號

書　　名　宋本山海經
著　　者　(晉)郭璞　注
責任編輯　潘　竹
重印編輯　潘　竹
封面設計　徐新狀

出版發行　國家圖書館出版社(北京市西城區文津街7號　100034)
(原書目文獻出版社　北京圖書館出版社)
010-66114536　63802249　nlcpress@nlc.cn(郵購)
網　　址　http://www.nlcpress.com
印　　裝　河北三河弘翰印務有限公司
版次印次　2017年12月第1版　2024年9月第2次印刷

開　　本　880×1230　1/32
印　　張　8.375
書　　號　ISBN 978-7-5013-6252-3
定　　價　25.00圓

《國學基本典籍叢刊》編委會

《國學基本典籍叢刊》前言

國家圖書館出版社（原名書目文獻出版社 北京圖書館出版社）成立三十多年來，出版了大量的中國傳統文化典籍。由於這些典籍的出版往往采用叢書的方式或綫裝形式，供公共圖書館和大學圖書館典藏使用，普通讀者因價格較高、部頭較大，不易購買使用。爲弘揚優秀傳統文化，滿足廣大普通讀者的需求，現將經、史、子、集各部的常用典籍，選擇善本，分輯陸續出版單行本。每書之前均加簡要説明，必要者加編目録和索引，總名《國學基本典籍叢刊》。歡迎讀者提出寶貴意見和建議，以使這項工作逐步完善。

國家圖書館出版社

二〇一六年四月

序言

該書爲晉郭璞注。宋淳熙七年（一一八〇）池陽郡齋刻本。

郭璞（二七六—三二四），字景純，河東聞喜（今屬山西）人。博學好古，喜陰陽卜筮之術。東晉初拜爲著作佐郎，後爲王敦記室參軍。敦欲謀反，命其卜筮，璞謂其必敗，遭敦所殺，王敦平，追贈弘農太守。郭璞於古文字學、訓詁學頗有造詣，曾爲《周易》《山海經》《爾雅》《方言》《楚辭》諸書作注，多傳世。

《山海經》爲周代中後期地理著作。《漢書·藝文志》著録劉歆校定《山海經》爲十八篇，郭璞則增入《大荒經》四篇、《海内經》一篇，并改篇爲卷，總爲二十三卷。又爲之注音二卷，增圖，作《圖贊》二卷。

是書原本有南宋淳熙七年（一一八〇）仲春八日尤袤跋，今則見於毛扆所藏明刻本中（今藏國家圖書館）。毛扆跋稱：『《山海經》向無善本，於泰興季氏見宋刻三册，係尤延之校刊者。檇李項氏故物也。有文三橋跋。滄葦殁，其書散爲雲烟。後聞歸於昆山徐氏，無由得見。近爲郡友所購，隨與借校。版心分上中下，其尤序、文跋亦影寫之，行數葉數皆鉤以識之。』可知尤袤跋乃據宋刻本録出，毛藏本中所記宋本行款樣式則與此本全同，故此本應爲尤袤刻宋本，惟脱去跋文。尤跋詳述此刻本之由來，曰：『始予得京都舊印本三卷，頗疏略。繼得《道藏》本，南山、東山經各自爲一卷，西山、北山各分爲上下兩卷，中山爲上中下三卷，别以中山東北爲一卷，海外南、海外東北、海内西南、海内東北、大荒東南、大荒西、大荒北、海内經，總爲十八卷。雖編簡號爲均一，而篇目錯亂不齊。晚得劉歆所定書，其南、西、北、東及中山，號五藏經，爲五篇，其文最多。海内、海外、大荒三經，南、西、北、東各一篇，并海内經一篇，亦總十八篇。多者十餘簡，少者三二簡，雖若卷帙不均，而篇次整比最古，遂爲定本。予自紹興辛未至今三十年，所見無慮十數本，參校得失，於是稍無舛訛，可繕寫。』由是知今傳郭注《山海經》作十八卷，卷次若此者，爲尤袤參校諸本所定。是書序目中也載『臣望所校《山海經》，凡三十二篇，今定爲一十八篇』。

此本避諱至『慎』字，卷七『海外西經』之『肅慎之國』、卷十七『大荒北經』之『肅慎氏之國』等『慎』字皆缺末筆。敦字（從敦之字）十數見，皆不諱。可證其確爲南宋孝宗（一一六三—一一八九）刻本無疑。據吴洪澤《尤袤年譜》，淳熙六年（一一七九）尤袤任江南東路提舉；淳熙八年（一一八一）四月除江南西路轉運判官；七月，直秘閣。總此，是本亦當爲尤袤任職江南東路提舉時刻於貴池，時間在淳熙七年。此本傳世孤罕，洵爲珍貴。

此本鈐『汪士鐘曾讀』『海源閣』『以增私印』『周暹』等印記，知其曾遞藏於清代以來藏書名家之手。一九五二年周叔弢先生將其所藏全部善本捐贈北京圖書館（今國家圖書館）。

今國家圖書館出版社將此書列入《國學基本典籍叢刊》影印出版，定價低廉，實乃讀者之幸事。

張燕嬰

二〇一七年十月

目録

據國家圖書館藏宋池陽郡齋刻本影印原書版框高二十一點二厘米寬十四點三厘米

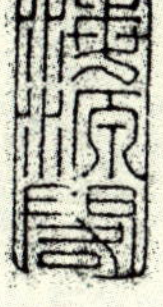

山海經序

世之覽山海經者皆以其閎誕迂誇多奇恠俶儻之言莫不疑焉嘗試論之曰莊生有云人之所知莫若其所不知吾於山海經見之矣夫以宇宙之寥廓群生之紛紜陰陽之煦蒸萬殊之區分精氣渾淆自相濆薄遊魂靈怪觸像而構流形於山川麗狀於木石者惡可勝言乎然則揔其所以乖鼓之於一響成其所以變混之於一象世之所謂異未知其所以異世之所謂不異未知其所以不異何者物不自異待我而後異異果在我非物異也故胡人見布而疑黂越人見罽而駭毳夫翫所

習見而奇所希聞此人情之常蔽也今略舉可以明之者陽火出於氷水陰鼠生於炎山而俗之論者莫之或怪及談山海經所載而咸怪之是不怪所可怪而怪所不可怪也不怪所可怪則幾於無怪矣怪所不可怪未始有可怪也夫能然所不可不可所不可然則理不然矣案汲郡竹書及穆天子傳穆王西征見西王母執璧帛之好獻錦組之屬穆王享王母于瑤池之上賦詩往來辭義可觀遂襲崑崙之丘遊軒轅之宮眺鍾山之嶺玩帝者之寶勒石王母之山紀跡玄圃之上乃取其嘉木豔草奇鳥怪獸玉石珍瑰之器金膏燭銀之寶

歸而殖養之於中國穆王駕八駿之乘右服盜驪左驂
騄耳造父爲御𠔀戎爲右萬里長騖以周歷四荒名山
大川靡不登濟東升大人之堂西燕王母之廬南轢黿
鼉之梁北躡積羽之衢窮歡極娛然後旋歸案史記說
穆王得盜驪騄耳驊騮之驥使造父御之以西巡狩見
西王母樂而忘歸亦與竹書同左傳曰穆王欲肆其
使天下皆有車轍馬跡焉竹書所載則是其事也而譙
周之徒足爲通識瑰儒而雅不平此驗之史考以著其
妄司馬遷敘大宛傳亦云自張騫使大夏之後窮河源
惡覩所謂崑崙者乎至禹本紀山海經所有怪物余不

敢言也不亦悲乎若竹書不潛出於千載以作徵於今
日者則山海之言其幾乎廢矣若乃東方生曉畢方之
名劉子政辨盜械之尸王頎訪兩面之客海民獲長臂
之衣精驗潛効絕代懸符於戲群惑者其可以少寤乎
是故聖皇原化以極變象物以應怪鑒無滯賾曲盡
情神焉廋哉神焉廋哉蓋此書跨世七代歷載三千餘
暫顯於漢而尋亦寢廢其山川名號所在多有舛謬與
今不同師訓莫傳遂將湮泯道之所存俗之所喪悲夫
余有懼焉故爲之創傳疏其壅閡闢其茀蕪領其玄致
標其洞涉庶幾令逸文不墜于世奇言不絕於今夏后

之迹靡刋於將來八荒之事有聞於後裔不亦可乎夫騫翥之翔叵以論垂天之凌蹄涔之遊無以知絳虬之騰鈞天之庭豈伶人之所躡無航之津豈蒼兕之所涉非天下之至通難與言山海之義矣嗚呼達觀博物之客其鑒之哉

山海經目揔十八卷（本三萬九百十九字注二萬三百十字揔五萬一千二百六十九字）

南山經第一（本三千五百四十七字注二千一百七字）

西山經第二（本五千六百七十二字注三千二百二字）

北山經第三（本五千七百四十六字注二千三百八十二字）

東山經第四（本二千四百十字注三百七十五字）

中山經第五（本四千七百一十八字注三千四百八十五字）

海外南經第六（本五百一十一字注六百三十二字）

海外西經第七（本五百三十七字注四百五十二字）

海外北經第八（本五百八十四字注四百九十三字）

海外東經第九（本四百四十二字注五百九十五字）

海内南經第十 本三百六十四字注七百九字

海内西經第十一 本四百三十九字注六百九十五字

海内北經第十二 本五百九十四字注四百九十五字

海内東經第十三 本六百二十四字注二千四百九十五字

大荒東經第十四 本八百六十四字注八百一十三字

大荒南經第十五 本九百七十二字注五百九十八字

大荒西經第十六 本一千二百八十二字注一千二百三字

大荒北經第十七 本一千五十六字注七百六十七字

海内經第十八 本一千一百十一字注九百六十七字此海内經及大荒經本皆逸在外

侍中奉車都尉光禄大夫臣秀領校祕書言校祕書太

常屬臣望所校山海經凡三十二篇今定爲一十八篇
已定山海經者出於唐虞之際昔洪水洋溢漫衍中國
民人失據崎嶇於丘陵巢於樹木鯀既無功而帝堯使
禹繼之禹乘四載隨山刊木定高山大川蓋與伯翳主
驅禽獸命山川類草木別水土四嶽佐之以周四方逮
人跡之所希至及舟輿之所罕到內別五方之山外分
八方之海紀其珍寶奇物異方之所生水土草木禽獸
昆蟲麟鳳之所止禎祥之所隱及四海之外絕域之國
殊類之人禹別九州任土作貢而益等類物善惡著山
海經皆賢聖之遺事古文之著明者也其事質明有信

孝武皇帝時嘗有獻異鳥者食之百物所不肯食東方朔見之言其鳥名又言其所當食如朔言問朔何以知之即山海經所出也孝宣皇帝時擊磻石於上郡陷得石室其中有反縛盜械人時臣秀父向爲諫議大夫言此貳負之臣也詔問何以知之亦以山海經對其文曰貳負殺窫窳帝乃梏之疏屬之山桎其右足反縛兩手上大驚朝士由是多奇山海經者文學大儒皆讀學以爲奇可以考禎祥變怪之物見遠國異人之謠俗故易曰言天下之至賾而不可亂也博物之君子其可不惑焉臣秀昧死謹上

南山經第一　　郭氏傳

南山經之首曰䧿山其首曰招摇之山臨于西海之上在蜀伏山山南之西頭濱西海也多桂桂葉似枇杷長二尺餘廣數寸味辛白花叢生山峯冬夏常青間無雜木呂氏春秋曰招摇之桂多金玉有草焉其狀如韭璨曰韭音九爾雅云霍山亦多之而青花其名曰祝餘或作桂荼食之不飢有木焉其狀如穀而黑理穀楮也皮作紙璨曰穀亦名構名穀者以其實如穀也其華四照言有光燄也若木華赤其光照地亦此類也見離騷經其名曰迷穀佩之不迷有獸焉其狀如禺而白耳禺似獮猴而大赤目長尾今江南山中多有說者不了此物名禺作牛字圖亦作牛形或作猴皆失之也禺字音遇伏行人走其名曰狌狌食之善走生生禺獸狀如猿伏行交足亦此類也見京房易麗麐之水出焉麐音几而

西流注于海其中多育沛未詳佩之無瘕疾瘕蟲病也

又東三百里曰堂一作常庭之山多棪木棪別名連其子似柰而赤可食音剡多白猿今猿似獼猴而大臂脚長便捷色有黑有黃鳴其聲哀多水玉水玉今水精也相如上林賦曰水玉磊砢赤松子所服見列仙傳多黃金

又東三百八十里曰猨翼之山其中多怪獸水多怪魚凡言怪者皆謂皃狀倔奇不常也尸子曰徐偃王好怪沒深水而得怪魚入深山而得怪獸者多列於庭多白玉多蝮虫蝮虫色如綬文鼻上有鍼大者百餘斤一名反鼻虫古虺字多怪蛇多怪木不可以上

又東三百七十里曰杻陽之山音紐其陽多赤金銅也其陰多白金銀也見爾雅山南為陽山北為陰有獸焉其狀如馬而白首其文

如虎而赤尾其音如謡如人歌声其名曰鹿蜀佩之宜子孫
佩謂帶其皮尾怪水出焉而東流注于憲翼之水其中多玄龜
其狀如龜而鳥首虺尾虺尾銳其名曰旋龜其音如判木
如破木声佩之不聾可以爲底底躪也爲猶治也外傳曰疾不可爲一作底猶病愈也
東三百里曰柢山音帶多水無草木有魚焉其狀如牛陵
居蛇尾有翼其羽在魼下亦作脅其音如留牛莊子曰執犂之狗謂
此牛也穆天子傳曰天子之狗執虎豹其名曰鯥音六冬死而夏生此亦蟄類也謂
之死者言其蟄無所知如死耳食之無腫疾
又東四百里曰亶爰之山亶音蟬多水無草木不可以上言崇
峭也有獸焉其狀如狸而有髦其名曰類類或作沛髦或作髮自爲

牝牡食者不妬（莊子亦曰類自爲雌雄而化今貆猪亦自爲雌雄）

又東三百里曰基山其陽多玉其陰多怪木有獸焉其狀如羊九尾四耳其目在背其名曰猼訑（博施二音施一作陁）佩之不畏（不知恐畏）有鳥焉其狀如鷄而三首六目六足三翼其名曰鷩鵂（鷩鵂急性敝孚二音）食之無卧（使人少眠）

又東三百里曰青丘之山（亦有青丘國在海外水經云即上林賦云秋田於青丘）其陽多玉其陰多青雘（雘黝屬百瓠）有獸焉其狀如狐而九尾（即九尾狐）其音如嬰兒能食人食者不蠱（噉其肉令人不逢妖邪之氣或曰蠱蠱毒）有鳥焉其狀如鳩其音若呵（如人相呵呼声）名曰灌灌（或作濩濩）佩之不惑英水出焉南流注于即翼之澤其中多赤鱬

其狀如魚而人面其音如鴛鴦食之不疥一作疾

又東三百五十里曰箕尾之山其尾踆于東海多沙石踆古蹲字言臨海上音存汸水出焉音芳而南流注于淯音育其中多白玉

凡䧿山之首自招搖之山以至箕尾之山凡十山二千九百五十里其神狀皆鳥身而龍首其祠之禮毛言擇牲取其毛色也周官曰陽祀用騂牲之毛用一璋玉瘞半圭爲璋瘞埋也糈用稌米糈祀神之米名先呂反今江東音所一音壻稌稌稻也他覩反糈或作疏非也一璧稻米白菅爲席菅茅屬也音間

南次二經之首曰柜山音矩西臨流黃北望諸毗東望長右音山名英水出焉西南流注于赤水其中多白玉尸子曰水

方折者有玉員折者有珠多丹粟細丹砂如粟也有獸焉其狀如豚有距其
音如狗吠其名曰狸力見則其縣多土功有鳥焉其狀
如鶉而人手其脚如人手鶉音處脂反其音如痺未詳其名曰鴸音株其
鳴自號也見則其縣多放士放放逐或作效也
東南四百五十里曰長右之山無草木多水有獸焉其
狀如禺而四耳其名長右以山出此獸因以名之其音如吟如人呻吟
聲見則其郡縣大水
又東三百四十里曰堯光之山其陽多玉其陰多金有獸
焉其狀如人而彘鬣穴居而冬蟄其名曰猾褢滑懷兩音其
音如斲木如人斫木聲見則縣有大繇謂作役也或曰其縣亂

又東三百五十里曰羽山（今東海祝其縣西南有羽山即鯀所殛處計此道里不相應似非也）其下多水其上多雨無草木多蝮蟲（蚖也）

又東三百七十里曰瞿父之山（音劬）無草木多金玉

又東四百里曰句餘之山無草木多金玉（今在會稽餘姚縣南句章縣北故此二縣因此爲名云見張氏地理志）

又東五百里曰浮玉之山北望具區（具區今吳縣西南太湖也尚書謂之震澤）東望諸毗（水名）有獸焉其狀如虎而牛尾其音如吠犬其名曰彘是食人苕水出于其陰北流注于具區其中多鮆魚（鮆魚狹薄而長頭大者尺餘太湖中今饒之一名刀魚音祚啓反）

又東五百里曰成山四方而三壇（形如人築壇相累也成亦重耳）其上多

金玉其下多青頀閼水出焉（音涿）而南流注于（一作流注于西）虖勺（虖音乎勺或作多下同）其中多黃金（今永昌郡水出金如糠在沙中尸子曰清水出黃金玉英）

又東五百里曰會稽之山四方（今在會稽郡山陰縣南上有禹冢及井）其上多金玉其下多砆石（砆武夫石似玉今長沙臨湘出之赤地白文色蘢葱不分明）勺水出焉而南流注于湨（音鶪）

又東五百里曰夷山無草木多砂石湨（一作湨）水出焉而南流注于列塗

又東五百里曰僕勺（一作夕）之山其上多金玉其下多草木無鳥獸無水

又東五百里曰咸陰之山無草木無水

又東四百里曰洵山（洵一作旬）其陽多金其陰多玉有獸焉其狀如羊而無口不可殺也（禀氣自然）其名曰䍺（音還或音患）洵水出焉（音詢）而南流注于閼之澤（音遏）其中多芘蠃（紫色螺也）

又東四百里曰虖勺之山其上多梓枏（梓山楸也枏大木葉似桑今作楠音南爾雅以為柟）其下多荊杞（杞苟杞也子赤）滂水出焉（音滂沱之滂）而東流注于海

又東五百里曰區吴之山無草木多砂石鹿水出焉而南流注于滂水

又東五百里曰鹿吴之山上無草木多金石澤更之水出

焉而南流注于滂水水有獸焉名曰蠱雕音或作纂其狀如雕而有角其音如嬰兒之音是食人

東五百里曰漆吳之山無草木多博石無玉可以爲博棊石處于海東望丘山其光載出載入神光之所潛燿是惟日次是日景之所次舍

凡南次二經之首自柜山至于漆吳之山凡十七山七千二百里其神狀皆龍身而鳥首其祠毛用一璧瘞糈用稌稌稻穬也

南次三經之首曰天虞之山其下多水不可以上

東五百里曰禱過之山其狀多金玉其下多犀兕犀似水牛

豬頭庳脚脚似象有三蹄大腹黑色三角一在頂在額上一在鼻上在鼻上者小而不墮食角也好噉棘口中常灑血沫亦似水牛青色一角重三千斤多象象獸之最大者長鼻大者牙長一丈性妬不畜淫子

有鳥焉其狀如鵁鵁似鳧而小脚近尾音髐箭之髐而白首三足或作手人面其名曰瞿如音劬其鳴自號也泿水出焉音銀而南流注于海其中有虎蛟蛟似蛇四足龍屬其狀魚身而蛇尾其音如鴛鴦食者不腫可以已痔

又東五百里曰丹穴之山其上多金玉丹水出焉而南流注于渤海渤海海岸曲崎頭也有鳥焉其狀如雞五采而文名曰鳳皇首文曰德翼文曰義背文曰禮膺文曰仁腹文曰信是鳥也飲食自然自歌自舞見則天下安寧漢時鳳鳥數出

高五六尺五采莊周說鳳文字与此有異廣雅云鳳鷄頭燕頷蛇頸龜背魚尾雌曰凰雄曰鳳

又東五百里曰發爽（或作[illegible]）之山無草木多水多白猨汎水出焉而南流注于渤海

又東四百里至于旄山之尾其南有谷曰育遺（或作隧）多怪鳥（廣雅曰鵷雛鸞鳥鵬爰居鶡雀皆怪鳥之屬也）凱風自是出（凱風南風）

又東四百里至于非山之首其上多金玉無水其下多蝮虫

又東五百里曰陽夾之山無草木多水

又東五百里曰灌湘之山上多木無草多怪鳥無獸（一作灌湘）

射之

又東五百里曰雞山其上多金其下多丹雘雘赤色曰雘美丹也
見尚書音尺蠖之蠖黑水出焉而南流注于海其中有鱄魚音團扇之
團其狀如鮒而彘毛其音如豚見則天下大旱
又東四百里曰令丘之山無草木多火其南有谷焉曰中
谷條風自是出東北風爲條風記曰條風至出輕繫督逋留有鳥焉其狀如
梟人面四目而有耳其名曰顒音娛其名自號也見則天
下大旱
又東三百七十里曰侖者之山音論說之論一音倫其上多金玉其
下多青雘有木焉其狀如穀而赤理其汗如漆其味如
飴食者不飢可以釋勞其名曰白蓉或作睪蘇睪蘇一名白蓉見廣雅音一

䓘可以血玉血謂可用染玉作光彩

又東五百八十里曰禺稾之山多怪獸多大蛇

東五百八十里曰南禺之山其上多金玉其下多水有穴焉水春輒入夏乃出冬則閉佐水出焉而東南流注于海有鳳皇鵷鶵亦鳳屬

凡南次三經之首自天虞之山以至南禺之山凡一十四山六千五百三十里其神皆龍身而人面其祠皆一白狗祈祈請禱也糈用稌

右南經之山志大小凡四十山萬六千三百八十里

西山經第二　　郭氏傳

西山經華山之首曰錢來之山其上多松其下多洗石澡洗可以磢體去垢圿磢初兩反有獸焉其狀如羊而馬尾名曰羬羊今大月氏國有大羊如驢而馬尾爾雅云羊六尺爲羬謂此羊也羬音針其脂可以已腊治體皴腊音昔

西四十五里曰松果之山濩水出焉北流注于渭其中多銅有鳥焉其名曰螐渠螐音彤弓之彤其狀如山雞黑身赤足可以已𦢊謂皮皴起也音叵駮反

又西六十里曰太華之山即西岳華陰山也今在弘農華陰縣西南削成而四方今山形上大下小崝峻也其高五千仞其廣十里仞八尺也上有明星玉女持玉

猱得上服之即成仙道險僻不通詩含神霧云鳥獸莫居有蛇焉名曰肥𧔥六足四翼見則天下大旱湯時此蛇見於陽山下復有肥遺蛇疑是同名

又西八十里曰小華之山即少華山其木多荆杞其獸多㸲牛今華陰山中多山牛山羊肉皆千斤牛即此牛也音昨其陰多磬石可以爲樂石其陽多㻬琈之玉㻬琈玉名所未詳也㻬浮兩音鳥多赤鷩赤鷩山鷄之屬胷腹洞赤冠金皆黃頭綠尾中有赤毛彩鮮明音作蔽或作鼈可以禦火其草有萆荔萆荔香草也蔽戾兩音狀如烏韭而生於石上亦緣木而生烏韭在屋者曰昔邪在墻者曰垣衣食之已心痛

又西八十里曰符禺之山其陽多銅其陰多鐵其上有木焉名曰文莖其實如棗可以已聾其草多條其狀

而赤華黃實如嬰兒舌食之使人不惑符禺之水
而北流注于渭其獸多葱聾其狀如羊而赤鬣其鳥多
鴖音旻其狀如翠而赤喙翠似燕而紺色也可以禦火畜之辟火災也
又西六十里曰石脆之山其木多椶枏椶樹高三丈許無枝條葉大而員岐
生梢頭實皮相裹上行一皮者爲一節可以爲繩一名栟櫚音馬騣之騣其草多條其狀如
韭而白華黑實食之已疥其陽多㻬琈之玉其陰多銅
灌水出焉而北流注于禺水其中有流赭赭赤土以塗牛
馬無病今人亦以朱塗牛角云以辟惡馬或作角
又西七十里曰英山其上多杻橿杻似棣而細葉一名土橿音細橿木中車材音
姜其陰多鐵其陽多赤金禺水出焉北流注于招水音韶

其中多鮮魚音同蚌蛤之蚌其狀如鱉其音如羊其陽多箭䉋
今漢中郡出䉋竹厚裹而長節根深筍冬生地中人掘取食之䉋音媚其獸多犛牛羬羊
有鳥焉其狀如鶉黃身而赤喙其名曰肥遺食之已癘
癘疫病也或曰惡創韓子曰癘人憐王可以殺蟲
又西五十二里曰竹山其上多喬木枝上竦者音橋其陰多鐵有
草焉其名曰黃雚其狀如樗其葉如麻白華而赤實其
狀如赭紫赤色浴之已疥又可以已胕治胕腫也音符竹水出焉
北流注于渭其陽多竹箭箭篠也多蒼玉丹水出焉今所在有
丹水東南流注于洛水其中多水玉多人魚如鯑魚四脚有獸
焉其狀如豚而白毛大如笄而黑端笄簪屬名曰豪

也夾髀有麄豪長數尺能以脊上豪射物亦自
爲牝牡貆或作猳吴楚呼爲鸞豬亦此類也
又西百二十里曰浮山多盼木音美目盼兮之盼枳葉而無傷枳刺
針也能傷人故名云木蟲居之在樹之中有草焉名曰薰音訓草麻葉而
方莖赤華而黑實臭如蘼蕪蘼蕪香草易曰其臭如蘭眉無兩音佩之可
以已癘
又西七十里曰羭次之山音臾漆水出焉今漆水出岐山北流注于
渭其上多棫橿棫白桵也音域其下多竹箭其陰多赤銅其陽
多嬰垣之玉垣或作短或作根或作埋傳寫謬錯未可得詳有獸焉其狀如禺
而長臂善投其名曰囂亦在畏獸畫中似獮猴投擲也有鳥焉其狀如
梟人面而一足曰橐𩇯音肥冬見夏蟄服之不畏雷著其

毛羽令人不畏天雷也或作宊

又西百五十里曰時山無草木逐水出焉或作遂北流注于渭其中多水玉

又西百七十里曰南山上多丹粟丹水出焉北流注于渭獸多猛豹猛豹似熊而小毛淺有光澤能食蛇食銅鐵出蜀中豹或作虎鳥多尸鳩尸鳩布穀類也或曰鴶鵴也鳩或作丘

又西百八十里曰大時之山上多穀柞柞櫟下多杻橿陰多銀陽多白玉涔水出焉音潛北流注于渭清水出焉南流注于漢水今河內脩武縣縣北黑山亦出清水

又西三百二十里曰嶓冢之山今在武都氏道縣南嶓音波漢水

而東南流注于沔至江夏安陸縣江即沔水囂水出焉北流注於水或作陽其上多桃枝鉤端鉤端桃枝屬獸多犀兕熊羆羆似熊而黃白色猛憨能拔樹鳥多白翰赤鷩白翰白鵫也亦名鵫雉又曰白雉有草焉其葉如蕙蕙香草蘭屬也或以蕙爲薰葉失之音惠其本如桔梗本根也黑華而不實名曰膏蓉爾雅釋草曰榮而不實謂之膏音骨食之使人無子

又西三百五十里曰天帝之山上多椶枏下多菅蕙菅茅類也有獸焉其狀如狗名曰谿或作谷邊或作遺席其皮者不蠱有鳥焉其狀如鶉黑文而赤翁翁頭下毛音汲甕之甕名曰櫟音沙礫之礫食之已痔有草焉其狀如葵其臭如蘼蕪名曰杜衡香草也可以走馬帶之令人便馬或曰馬得之而健走食之已癭

西南三百八十里曰皐塗之山薔音色或作蕢又作菑水出焉西
流注于諸資之水塗水出焉南流注于集獲之水其陽
多丹粟其陰多銀黃金其上多桂木有白石焉其名曰
礜可以毒鼠今礜石殺鼠音豫蠶食之而肥有草焉其狀如槀茇槀茇香草其
葉如葵而赤背名曰無條可以毒鼠有獸焉其狀如鹿
而白尾馬足人手前兩脚似人手而四角名曰玃如音猳玃之玃有
鳥焉其狀如鴟而人足名曰數斯食之已癭或作癎
又西百八十里曰黃山今始平槐里縣有黃山上故有宮漢惠帝所起疑非此無草
木多竹箭盼水出焉音美目盼兮之盼西流注于赤水其中多
玉有獸焉其狀如牛而蒼黑大目其名曰𤛎音敏有鳥

其狀如鴞青羽赤喙人舌能言名曰鸚䳇鸚䳇[illegible]兒舌脚指[illegible]
後各兩扶南徼外出五色者亦有純赤白者大如鴈也
又西二百里曰翠山其上多椶枏其下多竹箭其陽多黃
金玉其陰多旄牛麢麝麢似羊而大角細食好在山崖間麝似麞而小有香其鳥
多鸓音壘其狀如鵲赤黑而兩首四足可以禦火
又西二百五十里曰騩山音巍一音隗囂之隗是錞于西海錞猶堤埻也音
章閏反無草木多玉淒水出焉淒或作浽西流注于海其中多
采石黃金采石石有彩色者今雌黃空青碌碧之屬多丹粟
凡西經之首自錢來之山至于騩山凡十九山二千九
百五十七里華山冢也冢者神鬼之所舍也其祠之禮太牢牛羊豕爲

羭山神也祠之用燭（或作煬）齋百日以百犧（牲純色者爲犧）瘞用百瑜（瑜亦美玉名音臾）湯（或作溫）其酒百樽（溫酒令熱）嬰以百珪百璧（嬰謂陳之以環祭也或曰嬰即古罌字謂盂也徐州云穆天子傳曰黃金之嬰之屬也）其餘十七山之屬皆毛牷用一羊祠之（牷謂牲體全具也左傳曰牷牲肥腯者也）燭者百草之未灰白蓆采等純之（純緣也五色純之等差其文綵也周禮莞席紛純）

西次二經之首曰鈐山（音髡鉗之鉗或作冷又作塗）其上多銅其下多玉其木多杻橿

西二百里曰泰（或作秦）冒之山其陽多金其陰多鐵浴水出焉東流注于河其中多藻玉（藻玉玉有符彩者或作柬音練）多白

(水蛇)

又西二百七十里曰數歷之山其上多黃金其下多銀其木多杻橿其鳥多鸚䳇楚水出焉而南流注于渭其中多白珠(今蜀郡平澤出青珠尸子曰水負折者有珠)

又西百五十里曰高山其上多銀其下多青碧(碧亦玉類也今越嶲會稽縣東山出碧)雄黃(晉大興三年高平郡界有山崩其中出數千斤雄黃)其木多椶其草多竹涇水出焉(音經)而東流注于渭(今涇水出安定朝那縣西幵頭山至京兆高陵縣入渭也)其中多磬石(書曰泗濱浮磬是也)青碧

西南三百里曰女牀之山其陽多赤銅其陰多石涅(即礬石也楚人名爲涅石秦名爲羽涅也本草經亦名曰石涅也)其獸多虎豹犀兕有鳥

焉其狀如翟而五彩文（翟似雉而大長尾或作鸐鸐鵰屬也）名曰鸞鳥現
則天下安寧（舊說鸞似鷄瑞鳥也周成王時西戎獻之）
又西二百里曰龍首之山其陽多黃金其陰多鐵苕水出焉
而東南流注于涇水其中多美玉
又西二百里曰鹿臺之山（今在上郡）其上多白玉其下多銀其
獸多㸲牛羬羊白豪（豪貆豬也）有鳥焉其狀如雄雞而人面
名曰鳧徯其名自叫也見則有兵
西南二百里曰鳥危之山其陽多磬石其陰多檀楮（楮即
穀木）其中多女牀（未詳）鳥危之水出焉西流注于赤水其中
多丹粟

又西四百里曰小次之山其上多白玉其下多赤銅

焉其狀如猿而白首赤足名曰朱厭見則大兵一作見則有兵起焉一作見則為兵

又西三百里曰大次之山其陽多堊堊似土色甚白音惡其陰多碧其獸多㸲牛麢羊

又西四百里曰薰吳之山無草木多金玉

又西四百里曰厎陽之山音旨其木多稷柟豫章稷似松有刺細理音即豫章大木似秋葉冬夏青生七年而後復可知也其獸多犀兕虎犳㸲牛犳音之藥反

又西二百五十里曰衆獸之山其上多㻬琈之玉其下多檀楮多黃金其獸多犀兕

又西五百里曰皇人之山其上多金玉其下多青雄黄即雌黄也或曰空青曾青之屬皇水出焉西流注于赤水其中多丹粟

又西三百里曰中皇之山其上多黄金其下多蕙棠形棠之屬也蕙或作羔

又西三百五十里曰西皇之山其陽多金其陰多鐵其獸多麋鹿㸲牛麋大如小牛鹿屬也

又西三百五十里曰萊山其木多檀楮其鳥多羅羅是食人羅羅之鳥所未詳也

凡西次二經之首自鈐山至于萊山凡十七山四千一百四十里其十神者皆人面而馬身其七神皆人面

身四足而一臂操杖以行是爲飛獸之神其祠之少牢羊豬爲少牢也白菅爲席其十輩音背神者其祠之毛一雄鷄鈐而不糈鈐所用祭器名所未詳也或作思訓祈不糈祠不以米毛采言用雄色鷄也

西次三經之首曰崇吾之山在河之南北望冢遂山名南望䍃之澤音遥西望帝之搏獸之丘搏或作簿東望䗡音於然反淵有木焉員葉而白柎今江東人呼草木子房爲柎音府一曰柎花下鄂音丈夫字或作樹音符赤華而黑理其實如枳食之宜子孫有獸焉其狀如禺而文臂豹虎而善投名曰舉父或作夸父有鳥焉其狀如鳧而一翼一目相得乃飛名曰蠻蠻比翼鳥也色青赤不比不能飛爾雅作鶼鶼鳥也見則天下大水

西北三百里曰長沙之山泚水出焉音紫北流注于泑水烏交反又音黝水色黑也無草木多青雄黄

又西北三百七十里曰不周之山此山形有缺不周帀處因名云西北不周風自此山出北望諸毗之山臨彼嶽崇之山東望泑澤河水所潛也其源渾渾泡泡河南出崑崙潛行地下至葱嶺出于闐國復分流岐出合而東流注泑澤已復潛行南出于積石山而爲中國河也名泑澤即蒲澤一名蒲昌海廣三四百里其水停冬夏不增減去玉門關三百餘里即河之重源所謂潛行也渾渾泡泡水濆涌之聲也衮咆兩音爰有嘉果其實如桃其葉如棗黄華而赤柎食之不勞

又西北四百二十里曰峚音密山其上多丹木員葉而赤莖黄華而赤實其味如飴食之不飢丹水出焉西流注于

稷澤后稷神所馮因名云其中多白玉是有玉膏其源沸湯玉膏涌出之皃也河圖玉版曰少室山其上有白玉膏一服即仙矣亦此類也沸音拂黃帝是食是饗所以得登龍於鼎湖而龍蛻也是生玄玉言玉膏中又出黑玉也玉膏所出以灌丹木丹木五歲五色乃清言光鮮也五味乃馨言滋香也

黃帝乃取峚山之玉榮謂玉華也離騷曰懷琬琰之華英又曰登崑崙兮食玉英汲冢書所謂苕華之玉而投之鍾山之陽以為玉種瑾瑜之玉為良言最善也或作食覲臾兩音堅粟精密說玉理也禮記曰瑱密似粟粟或作栗玉有粟文所謂穀璧也濁澤有而光濁謂潤厚五色發作言符彩牙映色王子靈符應曰赤如雞冠黃如蒸栗白如割肪黑如醇漆玉之符彩也以和柔剛言玉協九德也天地鬼神是食是饗玉所以祈祭者言能動天地感鬼神君子服之以禦不祥今徼外出金剛石石屬而似金

有光彩可以刻玉外國人帶之云辟惡氣亦此類也自峚山至于鍾山四百六十里其間盡澤也是多奇鳥怪獸奇魚皆異物焉

又西北四百二十里曰鍾山其子曰鼓此亦神名名之爲鍾山之子耳其類皆見歸藏啓筮其狀如人面而龍身啓筮曰麗山之子青羽人面馬身亦似此狀也是與欽䲹音邳殺葆江于崑崙之陽葆或作祖帝乃戮之鍾山之東曰嶢崖音遙欽䲹化爲大鶚鶚鵰屬也音咢其狀如鵰而黑文白首赤喙而虎爪其音如晨鵠晨鵠鶚屬猶云晨梟耳說苑曰緤吠犬比奉晨梟也見則有大兵鼓亦化爲鵕鳥音俊其狀如鴟赤足而直喙黃文而白首其音如鵠見即其邑大旱穆天子傳云鍾山作春字音同耳穆王北升此山以望四野曰鍾山是惟天下高山也百獸之所聚飛鳥之所栖也爰有赤豹白

青鵰執犬羊食豕鹿穆王五日觀于鍾山乃爲銘迹於縣圃之上以詔後世

又西百八十里曰泰器之山觀水出焉西流注于流沙是多文鰩魚音遙狀如鯉魚魚身而鳥翼蒼文而白首赤喙常行西海遊於東海以夜飛其音如鸞雞鸞雞鳥名未詳也或作欒其味酸甘食之已狂見則天下大穰豐穰收熟也韓子曰穰歲之秋

又西三百二十里曰槐江之山丘時之水出焉而北流注于泑水其中多蠃母即蝶螺也其上多青雄黃多藏琅玕黃金玉琅玕石似珠者藏猶隱也郎干兩音其陽多丹粟其陰多采黃金銀實惟帝之平圃即玄圃也穆天子傳曰乃爲銘迹於玄圃之上謂刊石紀功德如秦皇漢武之爲者也神英招司之司主也招音韶其狀馬身而人面虎文而鳥

翼衜于四海〔衜謂周行也〕其音如榴〔音留或作籀籀所未詳也〕南望昆侖其光熊熊其氣魂魂〔皆光氣炎盛相焜燿之皃〕西望大澤后稷所潛也〔后稷生而靈知及其終化形遯此澤而為之神亦猶傅說騎箕尾也〕其中多玉其陰多榣木之有若〔榣木大木也言其上復生若木大木之奇靈者為若見尸子國語曰榣木不生花也〕北望諸毗〔山名〕槐鬼離侖居之〔離侖其神名〕鷹鸇之所宅也〔鸇亦鴟屬也莊周曰鴟鴉甘鼠穆天子傳云鍾山上有白鳥青雕皆此族類也〕東望恒山四成〔成亦重也爾雅云再成曰英也〕有窮鬼居之各在一搏〔搏猶脅也言群鬼各以類聚處山四脅有窮其總号耳搏一作傅〕爰有瑤水其清洛洛〔水留下之皃也瑤音遙也〕有天神焉其狀如牛而八足二首馬尾其音如勃皇〔勃皇未詳〕見則其邑有兵

西南四百里曰崑崙之丘是實惟帝之下都天帝都邑之在下者也穆天子傳曰吉日辛酉天子升于崑崙之丘以觀黃帝之宮而封豐隆之葬以詔後世言增封於崑崙山之上神陸吾司之即肩吾也莊周曰肩吾得之以處大山也其神狀虎身而九尾人面而虎爪是神也司天之九部及帝之囿時主九城之部界天帝苑圃之時節也有獸焉其狀如羊而四角名曰土螻是食人有鳥焉其狀如蜂大如鴛鴦名曰欽原欽或作爰或作至也蠚鳥獸則死蠚木則枯有鳥焉其名曰鶉鳥是司帝之百服服器服也一曰服事也或作藏有木焉其狀如棠棠梨也華黃赤實其味如李而無核名曰沙棠可以禦水食之使人不溺言體浮輕也沙棠為木不可得沉呂氏春秋曰果之美者沙棠之實銘曰安得沙棠刻以為舟汎彼滄海以遨以遊

有草焉名曰薲草（音頻）其狀如葵其味如葱食之已勞（呂氏春秋曰菜之美者崑崙之蘋）河水出焉（出山東北隅也）而南流東注于無達（山名）赤水出焉（出山東南隅也）而東南流注于氾天之水（氾天亦山名赤水所窮也穆天子傳曰遂宿于崑崙之阿赤水之陽陽水北也氾浮劒反）洋水出焉（出山西北隅或作清）而西南流注于醜塗之水（醜塗亦山名也皆在南極穆天子傳曰戊辰濟洋水又曰觴天子洋水也）黑水出焉（亦出西北隅也）而西流于大杅（山名也穆天子傳曰乃封長肱于黑水之西河是惟崑崙鴻鷺之上以為周室主杅音于）是多怪鳥獸（謂有一獸九首有一鳥六首之屬也）

又西三百七十里曰樂游之山桃水出焉西流注于稷澤是多白玉其中多鰨魚（音滑）其狀如蛇而四足是食

西水行四百里曰流沙二百里至于蠃母之山神
司之是天之九德也九德之氣所生其神狀如人而豹尾之藥反
其山上多玉其下多青石而無水
又西三百五十里曰玉山是西王母所居也此山多玉石因以名云穆天子傳謂之群玉之山見其山河無險四徹中繩先王之所謂策府寡草木無鳥獸穆王於是攻其玉石取玉石版三乘玉器服物載玉萬隻以歸雙玉爲瑴半瑴爲隻西王母其狀如人豹尾虎
齒而善嘯蓬髮戴勝蓬頭亂髮勝玉勝也音龐是司天之厲及五殘主知災厲五刑殘殺之氣也穆天子傳曰吉日甲子天子賓于西王母執玄圭白璧以見西王母獻錦組百純組三百純西王母再拜受之乙丑天子觴西王母于瑤池之上西王母爲天子謠曰白雲在天山陵自出道里悠遠山川間之將子無死尚復能來天子答之曰予還東土和理諸夏萬民均平吾顧見汝比及三年將復而

野西王母又爲天子吟曰徂彼西土爰居其所虎豹爲群鳥鵲與處嘉命不遷我惟帝女彼何世民又將去子吹笙鼓簧中心翱翔世民之子惟天之望天子遂驅升于奄山乃紀迹于奄山之石而樹之槐眉曰西王母之山奄山即崦嵫山也案竹書穆王五十七年西王母來見賓于昭宮舜時西王母遣使獻玉環見禮三朝

有獸焉其狀如犬而豹文其角如牛或作羊其名曰狡其音如吠犬見則其國大穰晉太康七年邵陵扶夷縣檻得一獸狀如豹文有兩角無前兩脚時人謂之狡疑非此有鳥焉其狀如翟而赤名曰胜遇音姓是食魚其音如錄音錄義未詳見則其國大水

又西四百八十里曰軒轅之丘無草木黃帝居此丘娶西陵氏女因號軒轅丘洵水出焉音詢南流注于黑水其中多丹粟多青雄黃

又西三百里曰積石之山其下有石門河水冒以西流冒猶

（覆也積石山今在金城河門關西南羌中河水行塞外東入塞內）是山也萬物無不有焉（水經引山海經云積石山在鄧林山東河所入也）

又西二百里曰長留之山其神白帝少昊居之（少昊金天氏帝摯之號也）其獸皆文尾（或作長）其鳥皆文首（文或作長）是多文玉石實惟員神磈氏之宮（音隗）是神也主司反景（日西入則景反東照主司察之）

又西二百八十里曰章莪之山無草木多瑤碧（碧亦玉屬）所爲甚怪（多有非常之物）有獸焉其狀如赤豹五尾一角其音如擊石其名曰猙（京氏易義曰音如不相擊音靜也）有鳥焉其狀如鶴一足赤文青質而白喙名曰畢方其鳴自叫也見則其邑有譌火（譌亦妖訛字）

又西三百里曰陰山濁浴之水出焉而南流注于蕃澤其中多文貝餘泉蚳之類也見爾雅有獸焉其狀如狸或作豹而白首名曰天狗其音如榴榴或作貓貓可以禦凶

又西二百里曰符惕之山音陽其上多椶枏下多金玉神江疑居之是山也多怪雨風雲之所出也

又西二百二十里曰三危之山今在燉煌郡尚書云竄三苗于三危是也三青鳥居之三青鳥主為西王母取食者別自棲息於此山也竹書曰穆王西征至于青鳥所解也是山也廣員百里其上有獸焉其狀如牛白身四角其豪如披蓑蓑辟雨草衣也音催其名曰傲㑬傲噎兩音是食人有鳥焉一首而三身其狀如鸈鸈似鵰黑文赤頸音洛其名曰𩿧下句或云扶狩則

死扶木則枯應在上鈙原下脫錯在此耳

又西一百九十里曰騩山其上多玉而無石神耆童居之

耆童老童顓頊之子其音常如鍾磬其下多積蛇

又西三百五十里曰天山多金玉有青雄黃英水出焉而西南流注于湯谷有神焉其狀如黃囊赤如丹火體色黃而精光赤也六足四翼渾敦無面目是識歌舞實惟帝江也夫形無全者則神自然靈照精無見者則闇與理會其帝江之謂乎莊生所云中央之帝混沌為儵忽所鑿七竅而死者蓋假此以寓言也

又西二百九十里曰泑山泑音黝黑之黝神蓐收居之亦金神也人面虎爪白尾執鉞見外傳云其上多嬰短之玉未詳其陽多瑾瑜之玉其陰

多青雄黄是山也西望日之所入其氣員（日形員故其氣象亦然也）神紅光之所司也（未聞其狀）

西水行百里至于翼望之山（或作土翠山）無草木多金玉有獸焉其狀如狸一目而三尾名曰讙（讙音歡或作原）其音如奪百聲（言其能作百種物聲也或曰奪百物名亦所未詳）是可以禦凶服之已癉（黄癉病也音旦）有鳥焉其狀如烏三首六尾而善笑名曰鵸鵌（猗餘兩音）服之使人不厭（不厭夢也周書曰服者不眯音莫禮反或曰眯眯目也）又可以禦凶

凡西次三經之首崇吾之山至于翼望之山凡二十三山六千七百四十四里其神狀皆羊身人面其祠之

用一吉玉瘞（玉加彩色者也尸子曰吉玉大龜）糈用稷米

西次四經之首曰陰山上多穀無石其草多茆蕃（茆鳧葵也蕃青蕃似莎而大茆煩兩音）陰水出焉西流注于洛

北五十里曰勞山多茈草（一名茈葵中染紫也）弱水出焉而西流注于洛

西五十里曰罷父之山洱水出焉（音耳）而西流注于洛其中多茈碧

北百七十里曰申山其上多穀柞其下多杻橿其陽多金玉區水出焉而東流注于河

北二百里曰鳥山其上多桑其下多楮其陰多鐵其陽

多玉辱水出焉而東流注于河

又北百二十里曰上申之山上無草木而多硌石硌磊硌大石皃也音洛下多榛楛榛子似栗而小味美楛木可以為箭詩云榛楛濟濟臻怙兩音獸多白

麈其鳥多當扈或作戶其狀如雉以其髯飛髯咽下須毛也食之

不眴目音軍湯水出焉東流注于河

又北百八十里曰諸次之山諸次之水出焉而東流注于

河是山也多木無草鳥獸莫居是多衆蛇

又北百八十里曰號山其木多漆椶漆樹似樗也其草多葯虈

芎藭葯白芷別名虈香草也芎藭一名江離葯音烏較反多汵石汵或音金未詳端水出

焉而東流注于河

又北二百二十里曰盂山音于其陰多鐵其陽多銅其白狼白虎外傳曰周穆王伐犬戎得四白狼白虎虎名甝[illegible]其鳥多白雉白翟或作白翠生水出焉而東流注于河

西二百五十里曰白於之山上多松柏下多櫟檀櫟即柞其獸多㸲牛羬羊其鳥多鴞鴞似鳩而青色洛水出于其陽而東流注于渭夾水出于其陰東流注于生水

西北三百里曰申首之山無草木冬夏有雪申水出于其上潛于其下是多白玉

又西五十五里曰涇谷之山或無之山二字涇水出焉或以此爲今涇水未詳東南流注于渭是多白金白玉

又西百二十里曰剛山多桼木多㻬琈之玉剛水出焉北流注于渭是多神䰠䰠亦魑魅之類也音恥回反或作䰠其狀人面獸身一足一手其音如欽欽亦吟字假音

又西二百里至剛山之尾洛水出焉而北流注于河其中多蠻蠻其狀鼠身而鼈首其音如吠犬

又西三百五十里曰英鞮之山上多漆木下多金玉鳥獸盡白涴水出焉涴或作溪音寃枉之寃而北注于陵羊之澤是多冄遺之魚魚身蛇首六足其目如馬耳食之使人不眯可以禦凶

又西三百里曰中曲之山其陽多玉其陰多雄黃白玉及

金有獸焉其狀如馬而白身黑尾一角虎牙爪音如鼓音其名曰駮是食虎豹（爾雅說駮不道有角及虎爪駮亦在畏獸畫中）可以禦兵（養之辟兵刃也）有木焉其狀如棠而員葉赤實實大如木瓜（木瓜如小瓜）名曰櫰木（音懷）食之多力（尸子曰木食之人多為仁者名為若木此之類）

又西二百六十里曰邽山（音圭）其上有獸焉其狀如牛蝟毛名曰窮奇音如獆狗是食人（或云似虎蝟毛有翼銘曰窮奇之獸厥形甚醜馳逐妖邪莫不奔走是以一名号曰神狗）濛水出焉（音蒙）南流注于洋水其中多黃貝（貝甲蟲肉如科斗但有頭尾耳）蠃魚（音螺）魚身而鳥翼音如鴛鴦見則其邑大水

又西二百二十里曰鳥鼠同穴之山今在隴西首陽縣西南山有鳥鼠同穴鳥名曰鵌鼠名曰鼵鼵如人家鼠而短尾鵌似鷰而黃色穿地入數尺鼠在內鳥在外而共處孔氏尚書傳曰共爲雌雄張氏地理記云不爲牝牡也其上多白虎白玉渭水出焉而東流注于河出山東至弘農華陰縣入河其中多鰠魚音騷其狀如鱣魚鱣魚大魚也口在頷下體有連甲也或作鮎鯉動則其邑有大兵或脫無從動則以下語者濫水出于其西音檻西流注于漢水多鮆魮之魚如毗兩音其狀如覆銚鳥首而魚翼魚尾音如磬石之聲是生珠玉亦珠母蚌類而能生出之

西南三百六十里曰崦嵫之山日沒所入山也見離騷奄茲兩音其上多丹木其葉如穀其實大如瓜赤符而黑理食之已癉

可以禦火其陽多龜其陰多玉苕（或作若）水出焉而西流注于海（禹大傳曰洧盤之水出崦嵫山）其中多砥礪（磨石也精為砥麤為礪也）有獸焉其狀馬身而鳥翼人面蛇尾是好舉人（喜抱舉人）名曰孰湖有鳥焉其狀如鴞而人面蜼身犬尾（蜼獮猴屬也音贈遺之遺一音誄見中山經尾或作昔）其名自號也（或作設設亦呼耳疑此脫誤）見則其邑大旱

凡西次四經自陰山以下至于崦嵫之山凡十九山三千六百八十里其祠祀禮皆用一白雞祈糈以稻米白菅為席

右西經之山凡七十七山一萬七千五百一十七里

北山經第三　郭氏傳

北山經之首曰單狐之山多机木〔机木似榆可燒以糞稻田出蜀中音飢〕其上多華草逢水出焉〔音逢〕而西流注于泑水其中多茈石文石

又北二百五十里曰求如之山其上多銅其下多玉無草木滑水出焉而西流注于諸毗之水〔水出諸毗山也〕其中多滑魚其狀如鱓赤背〔鱓魚似蛇音善〕其音如梧〔如人相枝梧聲音吾子之吾〕食之已疣〔疣贅也〕其中多水馬其狀如馬文臂牛尾〔臂前脚也周禮曰馬黑脊而班臂膢漢武元狩四年燉煌渥洼水出馬以爲靈瑞者即此類也〕其音如呼〔如人叫呼〕

又北三百里曰帶山其上多玉其下多青碧有獸焉其狀如馬一角有錯（言角有甲錯也或作厝）其名曰䑏疏（音歡）可以辟火有鳥焉其狀如烏五彩而赤文名曰鵸鵌（上已有此鳥疑同名）是自爲牝牡食之不疽（無癰疽病也）彭水出焉而西流注于芘湖之水其中多儵魚（音由）其狀如雞而赤毛三尾六足四首其音如鵲食之可以已憂

又北四百里曰譙明之山譙水出焉西流注于河其中多何羅之魚一首而十身其音如吠犬食之已癰有獸焉其狀如貆而赤豪（貆豪猪也音丸）其音如榴榴名曰孟槐可以禦凶（辟凶邪氣也亦在畏獸畫中也）是山也無草木多青雄黃（一作

又北三百五十里曰涿光之山嚻水出焉而西流注
河其中多鰼鰼之魚音袴褶之褶其狀如鵲而十翼鱗皆在
羽端其音如鵲可以禦火食之不癉其上多松柏其下
多棕橿其獸多麢羊其鳥多蕃未詳或云即鴞音煩
又北三百八十里曰虢山其上多漆其下多桐椐桐梧桐也
椐樻木腫節中杖椐音祛其陽多玉其陰多鐵伊水出焉西流注於
河其獸多橐駞有肉鞍善行流沙中日行三百里其負千斤知水泉所在也其鳥多
寓狀如鼠而鳥翼其音如羊可以禦兵
又北四百里至于虢山之尾其上多玉而無石魚水出
焉西流注于河其中多文貝

又北二百里曰丹熏之山其上多樗柏其草多韭薤[illegible]菜爾雅有其名多丹雘熏水出焉而西流注于棠水有獸焉其狀如鼠而菟首麋身其音如獋犬以其尾飛或作髯飛獋音豪名曰耳鼠食之不䐔䐔大腹也見裨倉音采也又可以禦百毒

又北二百八十里曰石者之山其上無草木多瑶碧泚水出焉西流注于河有獸焉其狀如豹而文題白身題額也名曰孟極是善伏其鳴自呼

又北百一十里曰邊春之山或作春山多葱葵韭山葱名茖大葉桃李山桃榹桃子小不解核也杠水出焉而西流注于泑澤有獸焉其狀如禺而文身善笑見人則卧言佯眠也名曰幽鴳或作嬻嬗鴳音

遏其鳴自呼

又北二百里曰蔓聯之山萬連二音其上無草木有獸焉其狀如禺而有鬣牛尾文臂馬蹄見人則呼名曰足訾其鳴自呼有鳥焉羣居而朋飛朋猶輩也其毛如雌雉名曰䴔交音或作渴也其鳴自呼食之已風

又北百八十里曰單張之山其上無草木有獸焉其狀如豹而長尾人首而牛耳一目名曰諸犍音如犍牛之犍善吒行則銜其尾居則蟠其尾有鳥焉其狀如雉而文首白翼黃足名曰白鵺音夜食之已嗌痛嗌咽也穀梁傳曰嗌不容粒今吳人呼咽為嗌音隘可以已痸痸癡病也櫟水出焉而南流注于杠水

又北三百二十里曰灌題之山其上多樗柘其下多流沙多砥有獸焉其狀如牛而白尾其音如訆（如人呼喚訆音叫）名曰那父有鳥焉其狀如雌雉而人面見人則躍（躍跳）名曰竦斯其鳴自呼也匠韓之水出焉而西流注于泑澤其中多磁石（可以取鐵管子曰山上有磁石者下必有銅音慈）

又北二百里曰潘侯之山其上多松栢其下多榛楛其陽多玉其陰多鐵有獸焉其狀如牛而四節生毛名曰旄牛（今旄牛背膝及胡尾皆有長毛）邊水出焉而南流注于櫟澤

又北二百三十里曰小咸之山無草木冬夏有雪

北二百八十里曰大咸之山無草木其下多玉是山也

四方不可以上有蛇名曰長蛇其毛如彘豪說者百尋今蝮蛇色似艾綬文文間有毛如猪鬐此其類也常山亦有長蛇與此形不同其音如鼓柝如人行夜敲木柝柝音託

又北三百二十里曰敦薨之山其上多椶柟其下多茈草敦薨之水出焉而西流注于泑澤出于崑崙之東北隅實惟河源即河水出崑崙之虛其中多赤鮭今名鯸鮐為鮭魚音圭其獸多兕旄牛或作撲牛撲牛見離騷天問所未詳其鳥多尸鳩

又北二百里曰少咸之山無草木多青碧有獸焉其狀如牛而赤身人面馬足名曰窫窳爾雅云窫窳似貙虎爪與此錯軋食二音其音如嬰兒是食人敦水出焉東流注于鴈門之水水出鴈門

山間其中多鯖鯖之魚音沛未詳或作鯿食之殺人

又北二百里曰獄法之山瀤澤之水出焉音懷而東北流注于泰澤其中多鱳魚音藻其狀如鯉而雞足食之已疣有獸焉其狀如犬而人面善投見人則笑其名山𤟤音暉其行如風言疾見則天下大風

又北二百里曰北嶽之山多枳棘剛木檀柘之屬有獸焉其狀如牛而四角人目彘耳其名曰諸懷其音如鳴鴈是食人諸懷之水出焉而西流注于囂水其中多鮨魚音詣魚身而犬首其音如嬰兒今海中有虎鹿魚及海狶體皆如魚而頭似虎鹿猪此其類也食之已狂

又北百八十里曰渾夕之山無草木多銅玉嚻水出西北流注于海有蛇一首兩身名曰肥遺見則其國大旱管子曰涸水之精名曰蟡一頭而兩身其狀如蛇長八尺以其名呼之可使取魚龜亦此類

又北五十里曰北單之山無草木多葱韭

又北百里曰羆差之山無草木多馬野馬也似馬而小

又北百八十里曰北鮮之山是多馬鮮水出焉而西北流注于涂吾之水漢元狩二年馬出涂吾水中也

又北百七十里曰隄山或作院古字耳多馬有獸焉其狀如豹而文首名曰狕音幺隄水出焉而東流注于泰澤其中多龍龜

凡北山經之首自單狐之山至于隄山凡二十五山五千四百九十里其神皆人面蛇身其祠之毛用一雄鷄彘瘞吉玉用一珪瘞而不糈言祭不用米皆埋其所用牲玉其山北人皆生食不火之物或作皆生食而不火

北次二經之首在河之東其首枕汾臨汾水上也音墳其名曰管涔之山今在太原郡故汾陽縣北秀容山涔音岑其上無木而多草其下多玉汾水出焉而西流注于河至汾陽縣北西入河

又北二百五十里曰少陽之山其上多玉其下多赤銀銀之精也酸水出焉而東流注于汾水其中多美赭管子曰山上有赭者其下有鐵

又北五十里曰縣雍之山今在晉陽縣西名汲甕雍音甕其上多玉其下多銅其獸多閭麋閭即羭也似驢而岐蹄角如麢羊一名山驢周書曰北唐以閭亦見鄉射禮其鳥多白翟白鵪即白鵫也音于六反晉水出焉而東南流注于汾水東過晉陽南又東入汾其中多鮆魚其狀如儵而赤鱗小魚曰儵其音如叱食之不驕或作騷騷臭也

又北二百里曰狐岐之山無草木多青碧勝水出焉而東北流注于汾水其中多蒼玉

又北三百五十里曰白沙山廣員三百里盡沙也無草木鳥獸鮪水出于其上潛于其下出山之頂停其底也是多白玉

又北四百里曰爾是之山無草木無水

又北三百八十里曰狂山無草木是山也冬夏有雪狂水
出焉而西流注于浮水其中多美玉
又北三百八十里曰諸餘之山其上多銅玉其下多松栢
諸餘之水出焉而東流注于旄水
又北三百五十里曰敦頭之山其上多金玉無草木旄水
出焉而東流注于印澤其中多𩣡馬音勃牛尾而白身一
角其音如呼
又北三百五十里曰鉤吾之山其上多玉其下多銅有獸
焉其狀如羊身人面其目在腋下虎齒人爪其音如嬰
兒名曰狍鴞是食人為物貪惏食人未盡還害其身像在夏鼎左傳所謂饕餮是也

咆

又北三百里曰北嚻之山無石其陽多碧其陰多玉有獸焉其狀如虎而白身犬首馬尾彘鬣名曰獨狢（音谷）有鳥焉其狀如烏人面名曰鸒鶌（般冒兩音或作夏也）宵飛而晝伏（鵂鶹之屬）食之巳暍（中熱也音謁）涔水出焉而東流注于邛澤

又北三百五十里曰梁渠之山無草木多金玉脩水出焉而東流注于鴈門（水名）其獸多居暨其狀如彙（彙似鼠赤毛如刺也猬彙音渭）其音如豚有鳥焉其狀如夸父（或作舉父）四翼一目犬尾名曰囂其音如鵲食之巳腹痛可以止衕（治洞下也音洞）

又北四百里曰姑灌之山無草木是山也冬夏有雪
又北三百八十里曰湖灌之山其陽多玉其陰多碧多馬
湖灌之水出焉而東流注于海其中多䱇亦鱓魚字有木焉
其葉如柳而赤理
又北水行五百里流沙三百里至于洹山其上多金玉三
桑生之其樹皆無枝其高百仞百果樹生之其下多怪
蛇
又北三百里曰敦題之山無草木多金玉是錞于北海
凡北次二經之首自管涔之山至于敦題之山凡十七
山五千六百九十里其神皆蛇身人面其祠毛用一雄

雞彘瘞（埋之）用一璧一珪投而不糈（擿玉於山中禮神不埋之也）
北次三經之首曰太行之山（今在河內野王縣西北行音户剛反）其首曰
歸山其上有金玉其下有碧有獸焉其狀如麢羊而四角
馬尾而有距其名曰驒善還（還旋旋儛也驒音暉）其鳴自訆有鳥
焉其狀如鵲白身赤尾六足其名曰鶌（音犇）是善驚其
鳴自詨（今吳人謂呼為詨音呼交反）
又東北二百里曰龍侯之山無草木多金玉決決之水出
焉（音訣）而東流注于河其中多人魚其狀如鯑魚四足其
音如嬰兒（鯑見山中經或曰人魚即鯢也似鮎而四腳聲如小兒啼今亦呼鮎為鯑音蹄）食之
無瘕疾

又東北二百里曰馬成之山其上多文石其陰多金玉有獸焉其狀如白犬而黑頭見人則飛（言肉翅飛行自在）其名曰天馬其鳴自訆有鳥焉其狀如烏首白而身青足黄是名曰鶌鶋（屈居二音或作鳴）其鳴自詨食之不飢可以巳寓（未詳或曰寓猶誤也）

又東北七十里曰咸山其上有玉其下多銅是多松栢草多茈草條菅之水出焉（菅音間）而西南流注于長澤其中多器酸三歲一成（所未詳也）食之巳癘

又東北二百里曰天池之山其上無草木多文石有獸焉其狀如兔而鼠首以其背飛（用其背上毛飛飛則仰也）其名曰飛鼠

滽水出焉潛于其下停山底也其中多黃堊堊土也
又東三百里曰陽山其上多玉其下多金銅有獸焉其狀
如牛而赤尾其頸𦟝其狀如句瞿言頸上有肉𦟝句瞿斗也音劬其名
曰領胡其鳴自詨食之已狂有鳥焉其狀如雌雉而五
彩以文是自爲牝牡名曰象蛇其鳴自詨留水出焉而
南流注于河其中有䱻父之魚音陷其狀如鮒魚魚首而
彘身食之已嘔
又東三百五十里曰賁聞之山其上多蒼玉其下多黃堊
多涅石
又北百里曰王屋之山今在河東東垣縣北書曰至于王屋也是多石𤃨水出

焉𪊨音輦而西北流注于泰澤地理志王屋山沇水所出𪊨沇聲相近殆一水耳沇則濟也

又東北三百里曰教山其上多玉而無石教水出焉西流注于河是水冬乾而夏流實惟乾河今河東聞喜縣東北有乾河口因名乾河里但有故溝處無復水即是也其中有兩山是山也廣員三百步其名曰發丸之山其上有金玉

又南三百里曰景山外傳曰景霍以為城南望鹽販之澤即鹽池也今在河東猗氏縣或無販字北望少澤其上多草藷藇根似羊蹄可食曙豫二音今江南單呼為藷音儲語有輕重耳其草多秦椒子似椒而細葉草也其陰多赭其陽多玉有鳥焉其狀如蛇而四翼六目三足名曰酸與其鳴自詨見則其邑有恐或曰食之不醉

又東南三百二十里曰孟門之山尸子曰龍門未闢未鑿河出於孟門之上大溢逆流無有丘陵高阜滅之名曰洪水穆天子傳曰北升孟門九河之隥其上多蒼玉多金其下多黃堊多涅石

又東南三百二十里曰平山平水出于其上潛于其下是多美玉

又東三百里曰京山有美玉多漆木多竹其陽有赤銅其陰有玄礵黑砥石也尸子曰加玄黃砥明色非一也礵音竹篠之篠高水出焉南流注于河

又東二百里曰虫尾之山其上多金玉其下多竹多青碧丹水出焉南流注于河薄水出焉淮南子曰薄水出鮮于山而東南

流注于黃澤

又東三百里曰彭毗之山其上無草木多金玉其下多水蚤林之水出焉音早東南流注于河肥水出焉而南流注于牀水其中多肥遺之蛇

又東百八十里曰小侯之山明漳之水出焉南流注于黃澤有鳥焉其狀如烏而白文名曰鴣鸐姑習二音食之不灂不瞧目也或作醮音醮

又東三百七十里曰泰頭之山共水出焉音恭南注于虖池呼佗二音下同其上多金玉其下多竹箭

又東北二百里曰軒轅之山其上多銅其下多竹有鳥焉

其狀如梟而白首其名曰黃鳥其鳴自詨食之不妒
又北二百里曰謁戾之山今在上黨郡涅縣其上多松柏有金玉
沁水出焉南流注于河至滎陽縣東北入河或出穀遠縣羊頭山也其東有
林焉名曰丹林丹林之水出焉南流注于河嬰侯之水
出焉北流注于汜水
東三百里曰沮洳之山詩云彼汾沮洳無草木有金玉濝水出
焉音其南流注于河今濝水出汲郡隆慮縣大號山東過河內縣南為白溝
又北三百里曰神囷之山音如倉囷之囷其上有文石其下有白
蛇有飛蟲黃水出焉而東流注于洹洹水出汲郡林慮縣東北至魏郡長樂入清水洹音丸
滏水出焉而東流注于歐水滏水今出臨水縣西釜口山經

鄴西北至列人縣入于漳其水讖
又北二百里曰發鳩之山今在上黨郡長子縣西其上多柘木有鳥
焉其狀如烏文首白喙赤足名曰精衛其鳴自詨是炎
帝之少女名曰女娃炎帝神農也娃惡佳反語誤或作階女娃遊于東海
溺而不返故為精衛常銜西山之木石以堙于東海堙塞
也音因漳水出焉濁漳音章東流注于河或曰出長子縣鹿谷山而東至鄴入清漳
又東北百二十里曰少山今在樂平郡沾縣沾縣故屬上黨其上有金玉
其下有銅清漳之水出焉東流于濁漳之水清漳出少山大繩谷
至武安縣南暴宮邑入于濁漳或曰東北至邑城入于大河也
又東北二百里曰錫山其上多玉其下有砥牛首之水出

焉而東流注于滏水

又北二百里曰景山有美玉景水出焉東南流注于海澤

又北百里曰題首之山有玉焉多石無水

又北百里曰繡山其上有玉青碧其木多栒（木中枚也音荀）其草多芍藥芎藭（芍藥一名辛夷亦香草屬）洧水出焉而東流注于河其中有鱯（鱯似鮎而大白色也）黽（鼃黽似蝦蟇小而青或曰鱯黽一物名耳）

又北百二十里曰松山陽水出焉東北流注于河

又北百二十里曰敦與之山其上無草木有金玉溹水出于其陽（音悉各反）而東流注于泰陸之水（大陸水今鉅鹿北廣平澤即其水）泜水出于其陰（音抵肆也）而東流注于彭水（今泜水出中丘縣西窮泉谷東

注于堂陽縣入于漳水槐水出焉而東流注于泜澤
又北百七十里曰柘山其陽有金玉其陰有鐵歷聚之水
出焉而北流注于洧水
又北三百里曰維龍之山其上有碧玉其陽有金其陰有
鐵肥水出焉而東流注于皋澤其中有礨石未詳也音雷或作壘
礨大石皃或曰石名敞鐵之水出焉而北流注于大澤
又北百八十里曰白馬之山其陽多石玉其陰多鐵多赤
銅木馬之水出焉而東北流注于虖池呼佗二音
又北二百里曰空桑之山無草木上已有此山疑同名也冬夏有雪
空桑之水出焉東注于虖池

又北三百里曰泰戲之山無草木多金玉有獸焉其狀如羊一角一目目在耳後其名曰辣辣（音屋棟之棟）其鳴自訆

虖池之水出焉（今虖池水出鴈門鹵城縣南武夫山）而東流注于漊水（音樓）液女之水出于其陽南流注于沁水（液音悅懌之懌）

又北三百里曰石山多藏金玉濩濩之水出焉（濩音尺蠖之蠖）而東流注于虖池鮮于之水出焉而南流注于虖池

又北二百里曰童戎之山皋涂之水出焉而東流注于漊液水

又北三百里曰高是之山（今在北地靈丘縣）滋水出焉（音慈）而南流注于虖池其木多椶其草多條滱水出焉（音寇）東流注于

河(過博陵縣南又東北入于易水)

又北三百里曰陸山多美玉郟水出焉(或作郟水)而東流注于河

又北二百里曰沂山(音祈)般水出焉(音盤)而東流注于河

北百二十里曰燕山多嬰石(言石似玉有符彩嬰帶所謂燕石者)燕水出焉東流注于河

又北山行五百里水行五百里至于饒山是無草木多瑤碧其獸多橐駝其鳥多鶹(未詳或曰鶹鵂鶹也)歷虢之水出焉而東流注于河其中有師魚食之殺人(未詳或作鯢)

又北四百里曰乾山無草木其陽有金玉其陰有鐵而無

水有獸焉其狀如牛而三足其名曰獂音元其鳴自詨

又北五百里曰倫山倫水出焉而東流注于河有獸焉其狀如麋其川在尾上川竅也其名曰羆

又北五百里曰碣石之山水經曰碣石山今在遼西臨渝縣南水中或曰在右北平驪城縣海邊山繩水出焉而東流注于河其中多蒲夷之魚未詳其上有玉其下多青碧

又北水行五百里至于鴈門之山無草木鴈門山即北陵西隃鴈之所出因以名云在高柳北

又北水行四百里至于泰澤其中有山焉曰帝都之山廣員百里無草木有玉金

又北五百里曰錞于毋逢之山北望雞號之山其風如飈飈急風皃也音戾或云飄風也西望幽都之山浴水出焉浴即黑水也是有大蛇赤首白身其音如牛見則其邑大旱

凡北次三經之首自太行之山以至于無逢之山凡四十六山萬二千三百五十里其神狀皆馬身而人面者廿神其祠之皆用一藻茝瘞之藻聚藻茝香草蘭之類音昌代反其十四神狀皆彘身而載玉其祠之皆玉不瘞不埋所用玉也其十神狀皆彘身而八足蛇尾其祠之皆用一璧瘞之大凡四十四神皆用稌糈米祠之此皆不火食

右北經之山志凡八十七山二萬三千二百三十里

東山經第四　　郭氏傳

東山經之首曰樕螽之山（速株二音）北臨乾昧（亦山名也音妹）食水出焉而東北流注于海其中多鱅鱅之魚（音容）其狀如犂牛（牛似虎文者）其音如彘鳴

又南三百里曰藟山（音誄）其上有玉其下有金湖水出焉東流注于食水其中多活師（科斗也爾雅謂之活東）

又南三百里曰栒狀之山其上多金玉其下多青碧石有獸焉其狀如犬六足其名曰從從其鳴自詨有鳥焉其狀如雞而鼠毛其名曰䖪鼠（音咨）見則其邑大旱沢水出焉（音枳）而北流注于湖水其中多箴魚其狀如儵其喙如

箴（出東海今江東水中亦有之）食之無疫疾
又南三百里曰勃亝之山無草木無水
又南三百里曰番條之山無草木多沙減水出焉（音同減損之減）
北流注于海其中多鱤魚（一名黃頰音感）
又南四百里曰姑兒之山其上多漆其下多桑柘姑兒之
水出焉北流注于海其中多鱤魚
又南四百里曰高氏之山其上多玉其下多箴石（可以為砥針治
癰腫者）諸繩之水出焉東流注于澤其中多金玉
又南三百里曰嶽山其上多桑其下多樗濼水出焉（音櫟）東
流注于澤其中多金玉

又南三百里曰犲山其上無草木其下多水其中多堪孖之魚（未詳音淳）有獸焉其狀如夸父而彘毛其音如呼見則天下大水

又南三百里曰獨山其上多金玉其下多美石末塗之水出焉而東南流注于沔其中多條蟰（偹容二音）其狀如黃蛇魚翼出入有光見則其邑大旱

又南三百里曰泰山（即東嶽岱宗也今在泰山奉高縣西北從山下至頂四十八里三百步也）其上多玉其下多金有獸焉其狀如豚而有珠名曰狪狪（音如吟恫之恫）其鳴自訆環水出焉東流注于江（一作海）其中多水玉

又南三百里曰竹山錞于江之作涯無草木多瑤碧激水
出焉而東南流注于娶檀之水其中多茈羸
凡東山經之首自樕螽之山以至于竹山凡十二山三
千六百里其神狀皆人身龍首祠毛用一犬祈聃用魚
以血塗祭爲聃也公羊傳云蓋叩其鼻以聃社音釣餌之餌
東次二經之首曰空桑之山此山出琴瑟材見周禮也北臨食水東
望沮吳南望沙陵西望湣澤音旻有獸焉其狀如牛而虎
文其音如欽或作吟其名曰軨軨音靈其鳴自叫見則天下
大水
又南六百里曰曹夕之山其下多穀而無水多鳥獸

又西南四百里曰嶧皋之山音亦其上多金玉其下多白堊嶧

皋之水出焉東流注于激女之水其中多蜃珧蜃蚌也珧玉珧亦蚌屬腎遙兩音

又南水行五百里流沙三百里至于葛山之尾無草木多

砥礪

又南三百八十里曰葛山之首無草木澧水出焉音禮東流

注于余澤其中多珠蟞魚音鼈其狀如肺而有目六足有

珠其味酸甘食之無癘無時氣病也呂氏春秋曰澧水之魚名曰朱蟞六足有珠魚之美也

又南三百八十里曰餘峩之山其上多梓柟其下多荊

芑雜余之水出焉東流注于黃水有獸焉其狀如菟而鳥喙鴟目蛇尾見人則眠（言佯死也）名曰犰狳（仇餘二音）其鳴自訆見則螽蝗爲敗（螽蝗類也言傷敗田苗音終）

又南三百里曰杜父之山無草木多水

又南三百里曰耿山無草木多水碧（亦水玉類）多大蛇有獸焉其狀如狐而魚翼其名曰朱獳（音儒）其鳴自叫見則其國有恐

又南三百里曰盧其之山無草木多沙石沙水出焉南流注于涔水其中多鵹鶘（音黎胡）其狀如鴛鴦而人足其鳴自訆見則其國多土功（今鵜胡足頗有似人脚形狀也）

又南三百八十里曰姑射之山無草木多水
又南水行三百里流沙百里曰北姑射之山無草木多石
又南三百里曰南姑射之山無草木多水
又南三百里曰碧山無草木多大蛇多碧水玉
又南五百里曰緱氏之山無草木多金玉原水出焉東流
注于沙澤一曰俠氏之山
又南三百里曰姑逢之山無草木多金玉有獸焉其狀如
狐而有翼其音如鴻鴈其名曰獙獙音斃見則天下大旱
又南五百里曰鳧麗之山其上多金玉其下多箴石有獸焉
其狀如狐而九尾九首虎爪名曰蠪蛭龍姪二音其音如嬰

見是食人

又南五百里曰䃌山（音一真反）南臨䃌水東望湖澤有獸焉其狀如馬而羊目四角牛尾其音如獆狗其名曰㹶㹶（音攸）見則其國。　狡客（狡狡猾也）有鳥焉其狀如鳧而鼠尾善登木其名曰絜鉤見則其國多疫

凡東次二經之首自空桑之山至于䃌山凡十七山六千六百四十里其神狀皆獸身人面載觡（麋鹿屬角為觡音格）其祠毛用一雞祈嬰用一璧瘞

又東次三經之首曰尸胡之山北望𡼨山（音詳）其上多金玉其下多棘有獸焉其狀如麋而魚目名曰妴胡（音[illegible]）其鳴

自訓
又南水行八百里曰岐山其木多桃李其獸多虎
又南水行五百里曰諸鉤之山無草木多沙石是山也廣
員百里多寐魚即鮇魚音味
又南水行七百里曰中父之山無草木多沙
又東水行千里曰胡射之山無草木多沙石
又南水行七百里曰孟子之山其木多梓桐多桃李其草
多菌蒲未詳音䐃膒之䐃其獸多麋鹿是山也廣員百里其上
有水出焉名曰碧陽其中多鱣鮪鮪即鱏也似鱣而長鼻體無鱗甲別名鱣鱣一名鱣也

又南水行五百里曰流沙行五百里有山焉曰跂踵之山（跂音企）廣員二百里無草木有大蛇其上多玉有水焉廣員四十里皆涌（今河東汾陰縣有瀵水源在地底濆沸涌出其深無限即此類也）其名曰深澤其中多蠵龜（蠵觜蠵大龜也甲有文彩似瑇瑁而薄音遺知反）有魚焉其狀如鯉而六足鳥尾名曰鮯鮯之魚（音蛤）其鳴自叫

又南水行九百里曰踇隅之山（音敏字）其上有草木多金玉多赭有獸焉其狀如牛而馬尾名曰精精其鳴自叫

又南水行五百里流沙三百里至于無皐之山南望幼海（即少海也淮南子曰東方大渚曰少海）東望榑木（扶桑二音）無草木多風是山也廣員百里

凡東次三經之首自尸胡之山至于無臯之山凡十九山六千九百里其神狀皆人身而羊角其祠用一牡羊米用黍是神也見則風雨水爲敗

又東次四經之首曰北號之山臨于北海有木焉其狀如楊赤華其實如棗而無核其味酸甘食之不瘧食水出焉而東北流注于海有獸焉其狀如狼赤首鼠目其音如豚名曰猲狙（葛苴二音）是食人有鳥焉其狀如雞而白首鼠足而虎爪其名曰鬿（音祈）雀亦食人

又南三百里曰旄山無草木蒼體之水出焉而西流注于展水其中多鱃魚（今蝦鰌字亦或作鰌秋音）其狀如鯉而大首食

者不疣

又南三百二十里曰東始之山上多蒼玉有木焉其狀如楊而赤理其汁如血不實其名曰芑（音起）可以服馬（以汁塗之則馬調良）泚水出焉而東北流注于海其中多美貝多茈魚其狀如鮒一首而十身其臭如蘪蕪食之不糟（孚謂反止失氣也）

又東南三百里曰女烝之山其上無草木石膏水出焉而西注于鬲水其中多薄魚其狀如鱣魚而一目其音如歐（如人嘔吐聲也）見則天下大旱

又東南二百里曰欽山多金玉而無石師水出焉而北流

注于臯澤其中多鱃魚多文貝有獸焉其狀如豚而有
牙其名曰當康其鳴自叫見則天下大穰
又東南二百里曰子桐之山子桐之水出焉而西流注于
餘如之澤其中多䱻魚音滑其狀如魚而鳥翼出入有光
其音如鴛鴦見則天下大旱
又東北二百里曰剡山多金玉有獸焉其狀如彘而人面
黃身而赤尾其名曰合窳音庾其音如嬰兒是獸也食人
亦食蟲蛇見則天下大水
又東二百里曰太山上多金玉楨木女楨也葉冬不凋有獸焉其
狀如牛而白首一目而蛇尾其名曰蜚音如翡翠之翡行水則

竭行草則死見則天下大疫言其體含災氣也其銘曰蜚之爲名體似無害所經枯竭甚於鴆厲萬物斷懼思爾遐逝鉤水出焉而北流注于勞水其中多鱃魚

凡東次四經之首自北號之山至于大山凡八山一千七百二十里

右東經之山志凡四十六山萬八千八百六十里

中山經第五　　郭氏傳

中山經薄山之首曰甘棗之山共水出焉（音恭）而西流注于河其上多杻木其下有草焉葵本而杏葉（或作楉葉）黄華而莢實名曰籜（他落反）可以已瞢（音盲）有獸焉其狀如獃鼠而文題（獃鼠所未詳音虺字亦或作虺）其名曰難（音那或作熊也）食之已癭

又東二十里曰歷兒之山其上多橿多櫔木（音厲是木也）方莖而員葉黄華而毛其實如楝（楝木名子如指頭白而粘可以浣衣也音練或作簡）服之不忘

又東十五里曰渠豬之山其上多竹渠豬之水出焉而南流注于河其中是多豪魚狀如鮪（鮪似鱣也）赤喙尾赤羽可以

已白癬
又東三十五里曰葱聾之山其中多大谷是多白堊黑青
黄堊言有雜色堊也
又東十五里曰涹山音倭其上多赤銅其陰多鐵
又東七十里曰脫扈之山有草焉其狀如葵葉而赤華莢
實實如椶莢今椶木莢似皂莢也名曰植楮可以已癙癙病也淮南子曰狸
頭已癙也食之不眯
又東二十里曰金星之山多天嬰其狀如龍骨可以已痤
癰痤也
又東七十里曰泰威之山其中有谷曰梟谷其中多鐵或無

谷字

又東十五里曰檀谷之山其中多赤銅或作檀谷之山

又東百二十里曰吴林之山其中多葌草亦菅字

又北三十里曰牛首之山今長安西南有牛首山上有館下有水未知此是非有草焉名曰鬼草其葉如葵而赤莖其秀如禾服之不憂勞水出焉而西流注于潏水音如譎詐之譎是多飛魚其狀如鮒魚食之已痔衕

又北四十里曰霍山今平陽永安縣廬江灊縣晉安羅江縣河南鞏縣皆有霍山明山以霍爲名者非一矣案爾雅大山繞小山爲霍其木多穀有獸焉其狀如貍而白尾有鬣名曰朏朏養之可以已憂謂蓄養之也普昧反

又北五十二里曰合谷之山是多薝棘未詳音瞻
又北三十五里曰陰山亦曰險山多礪石文石礪石石中磨者少水出焉其中多彫棠其葉如榆葉而方其實如赤菽菽豆食之已聾
又東北四百里曰鼓鐙之山多赤銅有草焉名曰榮草其葉如柳其本如鷄卵食之已風
凡薄山之首自甘棗之山至于鼓鐙之山凡十五山六千六百七十里歷兒冢也其祠禮毛太牢之具縣以吉玉縣祭山之名也見爾雅其餘十三山者毛用一羊縣嬰用桑封瘞而不糈桑封者桑主也方其下而銳其上而中穿之

加金言作神主而祭以金銀飾之也公羊傳曰虞主用桑主或作玉

中次二經濟山之首曰煇諸之山其上多桑其獸多閭麋其鳥多鶡似雉而大青色有毛勇健鬬死乃止音曷出上黨也

又西南二百里曰發視之山其上多金玉其下多砥礪即魚之水出焉而西流注于伊水

又西三百里曰豪山其上多金玉而無草木

又西三百里曰鮮山多金玉無草木鮮水出焉而北流注于伊水其中多鳴蛇其狀如蛇而四翼其音如磬見則其邑大旱

又西三百里曰陽山多石無草木陽水出焉而北流注于

伊水其中多化蛇其狀如人面而豺身鳥翼而蛇行其音如叱呼見則其邑大水

又西二百里曰昆吾之山其上多赤銅（此山出名銅色赤如火以之作刀切玉如割泥也周穆王時西戎獻之尸子所謂昆吾之劒也越絕書曰赤堇之山破而出錫若耶之谷涸而出銅歐冶子因以爲純鉤之劒汲郡冢中得銅劒一枚長三尺五寸乃今所名爲干將劒汲郡亦皆非鐵也明古者通以錫雜銅爲兵器也）有獸焉其狀如彘而有角其音如號（如人號哭）名曰蠪蚳（上已有此獸疑同名）食之不眯

又西百二十里曰葌山（音間）葌水出焉而北流注于伊水其上多金玉其下多青雄黃有木焉其狀如棠而赤葉名曰芒草（音忘）可以毒魚

又西二百五十里曰獨蘇之山無草木而多水

又西二百里曰蔓渠之山其上多金玉其下多竹箭伊水出焉而東流注于洛（今伊水出上洛盧氏縣熊耳山東北至河南洛陽縣入洛）有獸焉其名曰馬腹其狀如人面虎身其音如嬰兒是食人

凡濟山經之首自煇諸之山至于蔓渠之山凡九山一千六百七十里其神皆人面而鳥身祠用毛（擇用毛色）用一吉玉投而不糈

中次三經萯山之首曰敖岸之山（或作獻萯音倍）其陽多㻬琈之玉其陰多赭黃金神熏池居之是常出美玉（或作石）北望河林其狀如蒨如舉（說者云蒨舉皆木名也未詳蒨音倩）有獸焉其狀

如白鹿而四角名曰夫諸見則其邑大水

又東十里曰青要之山實維帝之密都天帝曲密之邑北望河曲河千里一曲一直也是多駕鳥未詳也或曰駕宜為駕鵞也音加南望墠渚水中小洲名渚墠音填也禹父之所化鯀化於羽淵為黃熊今復云在此然則一已有變怪之性者亦無往而不化也是多僕纍蒲盧僕纍蝸牛也爾雅曰蒲盧者螟蛉也䰠武羅司之武羅神名䰠即神字其狀人面而豹文小要而白齒齒或作首而穿耳以鐻鐻金銀器之名未詳也音渠其鳴如鳴玉如人鳴玉佩聲是山也宜女子畛水出焉音軫而北流注于河其中有鳥焉名曰䳑音如窈窕之窈其狀如鳧青身而朱目赤尾食之宜子朱淺赤也有草焉其狀如葌葌似菅也而方莖黃華赤實其本如藁本根似藁本亦香草

名曰荀草（或作苞草）服之美人色（令人更美豔）

又東十里曰騩山（音巍）其上有美棗其陰有㻬琈之玉正回之水出焉而北流注于河其中多飛魚其狀如豚而赤文服之不畏雷可以禦兵

又東四十里曰宜蘇之山其上多金玉其下多蔓居之木（未詳）滽滽之水出焉（滽音容）而北流注于河是多黃貝

又東二十里曰和山其上無草木而多瑤碧實惟河之九都（九水所潛故曰九都）是山也五曲（曲回五重）九水出焉合而北流注于河其中多蒼玉吉神泰逢司之（吉猶善也）其狀如人而

虎尾（或作雀尾）是好居于萯山之陽出入有光太逢神動天地氣也（言其有靈爽能興雲雨也夏后孔甲田於萯山之下天大風晦冥孔甲迷惑入于民室見吕氏春秋也）

凡萯山之首自敖岸之山至于和山凡五山四百四十里其祠太逢熏池武羅皆一牡羊副（副謂破羊骨磔之以祭也見周禮音悃愊之愊）嬰用吉玉其二神用一雄雞瘞之糈用稌

中次四經釐山之首（音狸）曰鹿蹄之山其上多玉其下多金甘水出焉而北流注于洛其中多泠石（未聞也泠或作涂）西五十里曰扶豬之山其上多礝石（音耎今鴈門山中出礝石白者如冰半有赤色者）有獸焉其狀如貉而人目（貉或作貗古字）其名曰麐（音銀）

或作蘖 虢水出焉而北流注于洛其中多瓀石言亦出水中

又西一百二十里曰釐山其陽多玉其陰多蒐音搜茅蒐今之蒨草也有獸焉其狀如牛蒼身其音如嬰兒是食人其名曰犀渠滽滽之水出焉而南流注于伊水有獸焉名曰獺音蒼頡之頡其狀如獳犬而有鱗其毛如彘鬣生鱗間也

又西二百里曰箕尾之山多穀多涂石其上多㻬琈之玉

又西二百五十里曰柄山其上多玉其下多銅滔雕之水出焉而北流注于洛其中多羬羊有木焉其狀如樗其葉如桐而莢實其名曰茇可以毒魚茇一作艾

又西二百里曰白邊之山其上多金玉其下多青雄黃

又西二百里曰熊耳之山今在上洛縣南其上多漆其下多椶浮
濠之水出焉而西流注于洛其中多水玉多人魚有草
焉其狀如蘇而赤華名曰葶薴亭寧聹斯二音可以毒魚
又西三百里曰牡山其上多文石其下多竹箭竹䉋其獸
多㸲牛羬羊鳥多赤鷩音閉即鷩雉也
又西三百五十里曰讙舉之山雒水出焉而東北流注于
玄扈之水其中多馬腸之物此二山者洛間也洛水今出上洛
縣冢嶺山河圖曰玄扈洛汭謂此間也
凡釐山之首自鹿蹄之山至于玄扈之山凡九山千六百七
十里其神狀皆人面獸身其祠之毛用一白雞祈而不

糈言直祈禱以彩衣之以彩飾雞

中次五經薄山之首曰苟牀之山或作苟林山無草木多怪石怪石似玉也書曰鉛松怪石也

東三百里曰首山其陰多穀柞草多苯芫苯山薊也芫華中藥其陽多㻬琈之玉木多槐其陰有谷曰机谷多䲃鳥音如鉗鈇之鈇其狀如梟而三目有耳其音如錄食之已墊未聞

又東三百里曰縣斸之山音如斤斸之斸無草木多文石

又東三百里曰葱聾之山無草木多摩石未詳

東北五百里曰條谷之山其木多槐桐其草多芍藥虋冬本草經曰虋冬一名滿冬今作門俗作耳

又北十里曰超山其陰多蒼玉其陽有井冬有水而夏竭
又東五百里曰成侯之山其上多櫄木（似樗樹材中車轅吳人呼櫄音輴車或曰輴車）其草多芃
又東五百里曰朝歌之山谷多美堊
又東五百里曰槐山谷多金錫
又東十里曰歷山其木多槐其陽多玉
又東十里曰尸山多蒼玉其獸多麖（似鹿而小黑色）尸水出焉南流注于洛水其中多美玉
又東十里曰良餘之山其上多穀柞無石餘水出于其陰而北流注于河乳水出于其陽而東南流注于洛

又東南十里曰蠱尾之山多礪石赤銅龍餘之水出焉而東南流注于洛

又東北二十里曰升山其木多穀柞棘其草多藷藇蕙蕙香草也多寇脫寇脫草生南方高丈許似荷葉而莖中有瓤正白零桂人植而日灌之以爲樹也黃酸之水出焉而北流注于河其中多璇玉石次玉者也孫卿曰旋瑤珠不知佩音旋

又東十二里曰陽虛之山多金臨于玄扈之水河圖曰蒼頡爲帝南巡狩登陽虛之山臨于玄扈洛汭靈龜負書丹甲青文以授之出此水中也

凡薄山之首自苟林之山至于陽虛之山凡十六山二千九百八十二里升山冢也其祠禮大牢嬰用吉玉首

山䰠也其祠用稌黑犧大牢之具糵釀以糵作醴酒也干儛干儛萬儛干楯也置鼓擊之以儛嬰用一璧尸水合天也天神之所馮也肥牲祠之用一黑犬于上用一雌雞于下刉一牝羊獻血以血祭也刉猶封也周禮曰刉珥奉犬牲嬰用吉玉彩之又加以繒綵之節也饗之勸彊之也特牲饋食禮曰執奠祝饗是也

中次六經縞羝山之首曰平逢之山南望伊洛東望穀城之山在濟北穀城縣西黃石公石在此山下張良取以合葬爾無草木無水多沙石有神焉其狀如人而二首名曰驕蟲是爲螫蟲爲螫蟲之長實惟蜂蜜之廬言群蜂之所舍集蜜赤蜂名其祠之用一雄雞禳而勿殺禳亦祭名謂禳卻惡氣也

西十里曰縞羝之山無草木多金玉
又西十里曰廆山音如環偉之環其陰多㻬琈之玉其西有谷焉名曰雚谷其木多柳楮其中有鳥焉狀如山雞而長尾赤如丹火而青喙名曰鴒鸚鈴要二音其鳴自呼服之不眯交觴之水出于其陽而南流注于洛俞隨之水出于其陰而北流注于穀水
又西三十里曰瞻諸之山其陽多金其陰多文石㴋水出焉音謝而東南流注于洛少水出其陰而東流注于穀水世謂之慈澗
又西三十里曰婁涿之山無草木多金玉瞻水出于其陽

而東流注于洛陵水出于其陰(世謂之百荅水)而北流注于穀水其中多茈石文石

又西四十里曰白石之山惠水出于其陽而南流注于洛其中多水玉澗水出于其陰(書曰伊洛瀍澗)西北流注于穀水其中多麋石櫨丹(皆未聞)

又西五十里曰穀山其上多穀其下多桑爽水出焉(世謂之紵麻澗)而西北流注于穀水其中多碧綠

又西七十二里曰密山(今滎陽密縣亦有密山疑非也)其陽多玉其陰多鐵豪水出焉而南流注于洛其中多旋龜其狀鳥首而鼈尾其音如判木無草木

又西百里曰長石之山無草木多金玉其西有谷焉名曰共谷多竹共水出焉西南流注于洛其中多鳴石晉永康元年襄陽郡上鳴石似玉色青撞之聲聞七八里今零陵泉陵縣永正鄉有鳴石二所其一狀如鼓俗因名為石鼓即此類也

又西一百四十里曰傅山無草木多瑤碧厭染之水出于其陽而南流注于洛其中多人魚其西有林焉名曰墦冢音番穀水出焉而東流注于洛今穀水出穀陽谷東北至穀城縣入洛河其中多珚玉未聞也珚音堙

又西五十里曰橐山其木多樗多𣟴木今蜀中有𣟴木七八月中吐穗穗成如有鹽粉著狀可以酢羹音備其陽多金玉其陰多鐵多蕭蕭蒿見爾雅橐

水出焉而北流注于河其中多儵辟之魚狀如黽（黽蛙屬也）而白喙其音如鴟食之已白癬

又西九十里曰常烝之山無草木多堊潐水出焉（音譙）而東北流注于河其中多蒼玉菑水出焉而北流注于河

又西九十里曰夸父之山其木多椶柟多竹箭其獸多㸲牛羬羊其鳥多赤鷩其陽多玉其陰多鐵其北有林焉名曰桃林是廣員三百里其中多馬（桃林今弘農湖縣闅鄉南谷中是也）（饒野馬山羊山牛也）湖水出焉而北流注于河其中多珚玉

又西九十里曰陽華之山其陽多金玉其陰多青雄黃其草多藷藇多苦辛其狀如橚（即楸字也）其實如瓜其味酸甘

食之已瘻楊水出焉而西南流注于洛其中多人魚門水出焉而東北流注于河其中多玄礵黑砥石生水中縉姑之水出于其陰縉音薦而東流注于門水其上多銅門水至于河七百九十里入雒水

凡縞羝山之首自平逢之山至于陽華之山凡十四山七百九十里嶽在其中以六月祭之六月亦歲之中如諸嶽之祠法則天下安寧

中次七經苦山之首曰休與之山與或作輿下同其上有石焉名曰帝臺之棋帝臺神人名棋謂博棋也五色而文其狀如鶉卵帝臺之石所以禱百神者也禱祀百神則用此石服之不蠱有草焉

其狀如蓍赤葉而本叢生名曰夙條可以為簳[中箭笴也]

東三百里曰鼓鍾之山帝臺之所以觴百神也[舉觴燕會則於此山因名爲鼓鍾也]有草焉方莖而黃華員葉而三成[葉三重也]其名曰焉酸可以為毒[爲治]其上多礪其下多砥

又東二百里曰姑媱之山[遙或無之山字]帝女死焉其名曰女尸化為䔄草其葉胥成[言葉相重也亦音遙]其華黃其實如菟丘[菟丘菟絲也見爾雅]服之媚於人[爲人所愛也傳曰人服媚之如是一名荒夫草]

又東二十里曰苦山有獸焉名曰山膏其狀如逐[即豚字]赤若丹火善詈[好罵人]其上有木焉名曰黃棘黃華而員葉其實如蘭服之不字[字生也易曰女子貞不字]有草焉員葉而無莖

赤華而不實名曰無條服之不癭

又東二十七里曰堵山神天愚居之是多怪風雨其上有木焉名曰天楄【音鞭】方莖而葵狀服者不噎【食不噎也】

又東五十二里曰放皋之山【放或作効又作牧】明水出焉南流注于伊水其中多蒼玉有木焉其葉如槐黃華而不實其名曰蒙木服之不惑有獸焉其狀如蜂枝尾而反舌善呼【好呼喚也】其名曰文文

又東五十七里曰大𦳣之山多㻬琈之玉多麋玉【未詳】有草焉其狀葉如榆方莖而蒼傷其名曰牛傷【猶言牛棘】其根蒼文服者不厥【厥逆氣病】可以禦兵其陽狂水出焉西南流注

于伊水其中多三足龜今吳興陽羨縣有君山山上有池水中有三足六眼龜鼈龜三足者名賁出爾雅食者無大疾可以已腫

又東七十里曰半石之山其上有草焉生而秀其高丈餘赤葉赤華華而不實初生先作穗却著葉花生穗間其名曰嘉榮服之者不霆不畏雷霆霹靂也音廷搏之廷來需之水出于其陽而西流注于伊水其中多鯩魚音倫黑文其狀如鮒食者不睡合水出于其陰而北流注于洛多鰧魚音騰狀如鱖居逵鱖魚大口大目細鱗有斑彩逵水中之穴道交通者鱖音劇倉文赤尾食者不癰可以爲瘻瘻癰屬也中多有蟲淮南子曰雞頭已瘻瘻音漏

又東五十里曰少室之山今在河南陽城西俗名泰室百草木成囷未詳

其上有木焉其名曰帝休葉狀如楊其枝五衢言樹枝交錯相重五出有象衢路也離騷曰靡萍九衢黃華黑實服者不怒其上多玉此山巔亦有白玉膏得服之即得仙道世人不能上也詩含神霧云其下多鐵休水出焉而北流注于洛其中多鯑魚狀如盩蜼未詳音惟盩而長距足白而對跦食者無蠱疾可以禦兵

又東三十里曰泰室之山即中嶽嵩高山也今在陽城縣西其上有木焉葉狀如梨而赤理其名曰栯木音郁服者不妒有草焉其狀如茉朮似荊也白華黑實澤如蘡薁言子滑澤其名曰䔄草服之不眯上多美石次玉者也啓母化爲石而生啓在此山見淮南子

又北三十里曰講山其上多玉多柘多柏有木焉名曰帝屋

葉狀如椒反傷赤實（反傷刺下勾也）可以禦凶

又北三十里曰嬰梁之山上多蒼玉錞于玄石（言蒼玉依黑石而生也或曰錞于樂器名形似椎頭）

又東三十里曰浮戲之山有木焉葉狀如樗而赤實名曰亢木食者不蠱汜水出焉而北流注于河其東有谷因名曰蛇谷（言此中出蛇故以名之）上多少辛（細辛也）

又東四十里曰少陘之山有草焉名曰䕡草（音剛）葉狀如葵而赤莖白華實如蘡薁食之不愚（言益人智）器難之水出焉（或作嚚）而北流注于役水（一作侵）

又東南十里曰太山（別有東小太山今在朱虛縣汶水所出疑此非也）有草焉名

曰梨其葉狀如荻（荻亦蒿也音狄）而赤華可以已疽太水出于其陽而東南流注于沒水承水出于其陰而東北流注于沒（世謂之靖澗水）

又東二十里曰末山上多赤金末水出焉北流注于沒（水經作沫）

又東二十五里曰役山上多白金多鐵役水出焉北注于河

又東三十五里曰敏山上有木焉其狀如荊白華而赤實名曰葪（音計）柏服者不寒（令人耐寒）其陽多㻬琈之玉

又東三十里曰大騩之山（今滎陽密縣有大騩山騩因溝水所出音歸）其陰多

鐵美玉青堊有草焉其狀如蓍而毛青華而白實其名曰蒗音狼服之不夭言盡壽也或作芺可以爲腹疾爲治也一作已凡苦山之首自休與之山至于大騩之山凡十有九山千一百八十四里其十六神者皆豕身而人面其祠毛牷用一羊羞言以羊爲薦羞嬰用一藻玉瘞藻玉玉有五彩者也或曰所以盛玉藻藉也苦山少室太室皆冢也其祠之太牢之具嬰以吉玉其神狀皆人面而三首其餘屬皆豕身人面也

中次八經荆山之首曰景山今在南郡界中其上多金玉其木多杼檀杼音椽柱之椽雎水出焉雎音癰疽之疽東南流注于江今雎水出新城魏昌縣東南發阿山東南至南郡枝江縣入江也其中多丹粟多文魚有斑彩也

東北百里曰荊山今在新城沐鄉縣南其陰多鐵其陽多赤金其中多犛牛旄牛屬也黑色出西南徼外也音狸一音來多豹虎其木多松栢其草多竹多橘櫾櫾似橘而大也皮厚味酸漳水出焉而東南流注于睢出荊山至南郡當陽縣入沮水其中多黃金多鮫魚鮫䱜魚類也皮有珠文而堅尾長三四尺末有毒螫人皮可飾刀劍口錯治材角今臨海郡亦有之音交其獸多閭麋似鹿而大也

又東北百五十里曰驕山其上多玉其下多青雘其木多松栢多桃枝鉤端神蟲圍處之蟲音鼉魚之鼉其狀如人面羊角虎爪恒遊于睢漳之淵淵水之府奥也出入有光

又東北百二十里曰女几之山其上多玉其下多黃金其

獸多豹虎多閭麋麖麂（麂似獐而大猥毛豹脚音几）其鳥多白鷮（鷮似雉而長尾走且鳴音驕）多翟多鴆（鴆大如鵰紫緑色長頸赤喙食蝮蛇頭雄名運日雌名陰諧也）

又東北二百里曰宜諸之山其上多金玉其下多青雘洈水出焉（音詭）而南流注于漳（今洈水出南郡東洈山至華容縣入江也）其中多白玉

又東北三百五十里曰綸山（音倫）其木多梓柟多桃枝多柤栗橘櫾（柤似梨而酢濇）其獸多閭麈麢㚟（㚟似菟而鹿脚青色音勑略反）

又東北二百里曰陸䣖之山（音如跪對之跪）其上多㻬琈之玉其下多堊其木多杻橿

又東百三十里曰光山其上多碧其下多木神計蒙處之

其狀人身而龍首恒遊于漳淵出入必有飄風暴雨

又東百五十里曰歧山其陽多赤金其陰多白珉石似玉者音旻其上多金玉其下多青雘其木多樗神涉𧈢處之徒河切一作𧈢笑遊切其狀人身而方面三足

又東百三十里曰銅山其上多金銀鐵其木多穀柞柤栗橘櫾其獸多犳

又東北一百里曰美山其獸多兕牛多閭麈多豕鹿其上多金其下多青雘

又東北百里曰大堯之山其木多松柏多梓桑多机其草多竹其獸多豹虎麢㚟

又東北三百里曰靈山其上多金玉其下多青雘其木多桃李梅杏梅似杏而酢也

又東北七十里曰龍山上多寓木寄生也一名宛童見爾雅其上多碧其下多赤錫其草多桃枝鉤端

又東南五十里曰衡山上多寓木穀柞多黃堊白堊

又東南七十里曰石山其上多金其下多青雘多寓木

又南百二十里曰若山其上多㻬琈之玉多赭赤土多邽石未詳多寓木多柘若一作前

又東南一百二十里曰彘山多美石多柘

又東南一百五十里曰玉山其上多金玉其下多碧鐵其木

多栢（一作槽）

又東南七十里曰讙山其木多檀多邽石多白錫（今白鑞也）郁水出于其上潛于其下其中多砥礪

又東北一百五十里曰仁舉之山其木多穀柞其陽多赤金其陰多赭

又東五十里曰師每之山其陽多砥礪其陰多青䨼其木多栢多檀多柘其草多竹

又東南二百里曰琴鼓之山其木多穀柞椒柘（椒為樹小而叢生下有草木則蠱死）其上多白珉其下多洗石其獸多豕鹿多白犀其鳥多鴆

凡荆山之首自景山至琴鼓之山凡二十三山二千八百九十里其神狀皆鳥身而人面其祠用一雄雞祈瘗禱請已埋之也用一藻圭糈用稌驕山冢也其祠用羞酒少牢祈瘗嬰毛一璧

中次九經岷山之首曰女几之山其上多石涅其木多杻橿其草多菊茉洛水出焉東注于江其中多雄黃雄黃亦出水中其獸多虎豹

又東北三百里曰岷山江水出焉岷山今在汶山郡廣陽縣西大江所出東北流注于海至廣陽縣入海其中多良龜良善多鼉似蜥蜴大者長二丈有鱗彩皮可以冒鼓其上多金玉其下多白珉其木多梅棠其獸多

犀象多夔牛[今蜀山中有大牛重數千斤名為夔牛晉太興元年此牛出上庸郡人弩射殺得三十八檐肉即爾雅所謂魏]其鳥多翰鷩[白翰赤鷩]

又東北二百四十里曰崍山江水出焉[邛來山今在漢嘉嚴道縣南江水所自出也山有九折坂出貊貊似熊而黑白駮亦食銅鐵也]東流注大江其陽多黃金其陰多麋麈其木多檀柘其草多薤韭多葯[即藁]空奪[即蛇皮脫]也

又東一百五十里曰崌山[音居]江水出焉[北江]東流注于大江其中多怪蛇[今永昌郡有鉤蛇長數丈尾岐在水中鉤取岸上人牛馬啖之又呼馬絆蛇謂此類也]多鷙魚[音贄未聞]其木多楢杻[楢剛木也中車材音秋]多梅梓其獸多夔牛麢㚟犀兕有鳥焉狀如鴞而赤身白首其名曰竊

脂今呼小青雀此觜肉食者爲竊脂疑此非也可以禦火

又東三百里曰高梁之山其上多堊其下多砥礪其木多桃枝鉤端有草焉狀如葵而赤華莢實白柎可以走馬

又東四百里曰蛇山其上多黃金其下多堊其木多栒多豫樟其草多嘉榮少辛有獸焉其狀如狐而白尾長耳名曰㹢狼音巴見則國內有兵一作國有內亂

又東五百里曰萬山其陽多金其陰多白珉蒲鸛音萈之水出焉而東流注于江其中多白玉其獸多犀象熊羆多猨蜼蜼似獮猴鼻露上向尾四五尺頭有岐蒼黃色雨則自縣樹以尾塞鼻孔或以兩指塞之

又東北三百里曰隅陽之山其上多金玉其下多青雘其

木多梓桑其草多茈徐之水出焉東流注于江其中多丹粟

又東二百五十里曰歧山今在扶風美陽縣西其上多白金其下多鐵其木多梅梓梅或作藪音多杻楢減水出焉東南流注于江

又東三百里曰勾檷之山音絡椐之椐其上多玉其下多黃金其木多櫟柘其草多芍藥

又東一百五十里曰風雨之山其上多白金其下多石涅其木多㮄樿㮄木未詳也樿木白理中櫛騶善二音多楊宣余之水出焉東流注于江其中多蛇其獸多閭麋多麈豹虎其鳥多白

鸛

又東北二百里曰玉山其陽多銅其陰多赤金其木多豫樟楢杻其獸多豕鹿麢㚟其鳥多鴆

又東一百五十里曰熊山有穴焉熊之穴恒出神人夏啓而冬閉是穴也冬啓乃必有兵今鄴西北有鼓山下有石鼓象懸著山旁鳴則有軍事與此穴殊象而同應其上多白玉其下多白金其木多樗柳其草多寇脫

又東一百四十里曰騩山其陽多美玉赤金其陰多鐵其木多桃枝荊芑

又東二百里曰葛山其上多赤金其下多瑊石瑊石勁石似玉也音

絨

其木多柤栗橘櫾楢杻其獸多麢㚟其草多嘉榮

又東一百七十里曰賈超之山其陽多黃堊其陰多美赭其木多柤栗橘櫾其中多龍脩龍須也以莞而細生山石穴中莖倒垂可以為席

凡岷山之首自女几山至于賈超之山凡十六山三千五百里其神狀皆馬身而龍首其祠毛用一雄雞瘞糈用稌文山勾檷風雨䰣之山是皆冢也其祠之羞酒先進酒以酹神少牢具嬰毛一吉玉熊山席也席者神之所憑止也其祠羞酒大牢具嬰毛一璧干儛用兵以禳禳被除之祭名儛者持盾武儛也祓璆冕舞所求福祥也祭用王者冕服也美玉曰璆巴求反

中次十經之首曰首陽之山其上多金玉無草木

又西五十里曰虎尾之山其木多椒椐多封石其陽多赤金其陰多鐵

又西南五十里曰繁繢之山（音潰）其木多楢杻其草多枝勾（今山中有此草）

又西南二十里曰勇石之山無木草多白金多水

又西二十里曰復州之山其木多檀其陽多黃金有鳥焉其狀如鴞而一足彘尾其名曰跂踵（音企）見則其國大疫（銘曰跂踵爲鳥一足似夔不爲樂與反以來悲）

又西三十里曰楮山多寓木多椒椐多柘多堊（一作渚州之山）

又西二十里曰又原之山其陽多青雘其陰多鐵其鳥多

鸛鵒（鴝鵒也傳曰鸛鵒來巢音臞）
又西五十里曰涿山其木多穀柞杻其陽多㻬琈之玉
又西七十里曰丙山其木多梓檀多弞杻（弞義所未詳）
凡首陽山之首自首山至于丙山凡九山二百六十七
里其神狀皆龍身而人面其祠之毛用一雄雞瘞糈用
五種之糈堵山冢也其祠之少牢具羞酒祠嬰毛一璧
瘞騩山帝也其祠羞酒大牢其合巫祝二人儛嬰一璧
中次一十一山經荊山之首曰翼望之山湍水出焉（廛摶
反）東流注于濟（今湍水逕南陽穰縣而入清水）貺水出焉（音況）東南流注
于漢其中多蛟（似蛇而四脚小頭細頸頸有白癭大者十數圍卵如一二石甕能吞人）其

上多松栢其下多漆梓其陽多赤金其陰多珉
又東北二百五十里曰朝歌之山潕水出焉（潕水今在南陽舞陽縣音武）東南流注于滎其中多人魚其上多梓枏其獸多麢麋有草焉名曰莽草可以毒魚（今用之殺魚）
又東南二百里曰帝囷之山（去倫反）其陽多㻬琈之玉其陰多鐵帝囷之水出于其上潛于其下多鳴蛇
又東南五十里曰視山其上多韭有井焉名曰天井夏有水冬竭其上多桑多美堊金玉
又東南二百里曰前山其木多櫧（音諸似柞子可食冬夏生作屋柱難腐或作儲）多栢其陽多金其陰多赭

又東南三百里曰豐山有獸焉其狀如蝯赤目赤喙黃身名
曰雍和見則國有大恐神耕父處之常遊清泠之淵出入
有光清泠水在西號郊縣山上神來時水赤有光耀今有屋祠之見則其國為敗有九
鍾焉是知霜鳴霜降則鍾鳴故言知也物有自然感應而不可為也其上多金其
下多穀柞杻橿
又東北八百里曰兔牀之山其陽多鐵其木多藷藇其草
多雞穀其本如雞卵其味酸甘食者利於人
又東六十里曰皮山多堊多赭其木多松柏
又東六十里曰瑤碧之山其木多梓枏其陰多青雘其陽
多白金有鳥焉其狀如雉恒食蜚名曰鴆蜚負盤也音翡此更一種

鳥非食蚊之鳩也

又東四十里曰支離之山濟水出焉南流注于漢今濟水出酈縣西北山中南入漢酈離音寧亦同有鳥焉其名曰嬰勺其狀如鵲赤目赤喙白身其尾若勺似酒勺形其鳴自呼多㸲牛多羬羊

又東北五十里曰袟篙之山音形其上多松栢机桓桓葉似柳皮黃不措子似楝着酒中飲之辟惡氣浣衣去垢核堅正黑可以閒香纓一名桔樓也

又西北一百里曰堇理之山其上多松栢多美梓其陰多丹雘多金其獸多豹虎有鳥焉其狀如鵲青身白喙白目白尾名曰青耕可以禦疫其鳴自叫

又東南三十里曰依軲之山音枯其上多杻橿多苴未詳音葅有

獸焉其狀如犬虎爪有甲其名曰獜（言體有鱗甲音吝）善駚坌（跳躍自撲也鞅奮兩音）食者不風（不畏天風）

又東南三十五里曰即谷之山多美玉多玄豹（黑豹也即今荆州山中出黑虎也）多閭麈多麢㚟其陽多珉其陰多青雘

又東南四十里曰雞山其上多美梓多桑其草多韭

又東南五十里曰高前之山其上有水焉甚寒而清（或作潜）帝臺之漿也（今河東解縣南檀首山上有水潛出停不流俗名爲盎漿即此類也）飲之者不心痛其上有金其下有赭

又東南三十里曰游戲之山多杻橿穀多玉多封石

又東南三十五里曰從山其上多松柏其下多竹從水出

于其上潛于其下其中多三足鼈枝尾三脚鼈名能見爾雅食之

無蠱疫

又東南三十里曰嬰䃂之山音真其上多松栢其下多梓櫄

又東南三十里曰畢山帝苑之水出焉東北流注于視其

中多水玉多蛟其上多㻬琈之玉

又東南二十里曰樂馬之山有獸焉其狀如彙赤如丹火

其名曰𤟹音戾見則其國大疫

又東南二十五里曰葴山視水出焉或曰視宜爲䫌䫌水今在南陽也東

南流注于汝水其中多人魚多蛟多頡如青狗

又東四十里曰嬰山其下多青雘其上多金玉

又東三十里曰虎首之山多苴椆椐（椆未詳也音彫）

又東二十里曰嬰侯之山其上多封石其下多赤錫

又東五十里曰大孰之山殺水出焉東北流注于視水其中多白堊

又東四十里曰卑山其上多桃李苴梓多纍（今虎豆貍豆之屬纍一名縢音誄）

又東三十里曰倚帝之山其上多玉其下多金有獸焉其狀如鼣鼠（爾雅說鼠有十三種中有此鼠形所未詳也音狗吠之吠）白耳白喙名曰狙如（音即蛆）見則其國有大兵

又東三十里曰鯢山（音倪）鯢水出于其上潛于其下其中多

美堊其上多金其下多青雘

又東三十里曰雅山澧水出焉（音礼今澧水出南陽）東流注于視水其中多大魚其上多美桑其下多苴多赤金

又東五十里曰宣山淪水出焉東南流注于視水其中多蛟其上有桑焉大五十尺（謂五文也）其枝四衢（言枝交互四出）其葉大尺餘赤理黄華青柎名曰帝女之桑（婦女主蠶故以名桑）

又東四十五里曰衡山（今衡山在衡陽湘南縣南嶽也俗謂之岣嶁山）其上多青雘多桑其鳥多鸜鵒

又東四十里曰豐山其上多封石其木多桑多羊桃狀如桃而方莖（一名鬼桃）可以為皮張（治皮腫起）

又東七十里曰嫗山其上多美玉其下多金其草多鷄穀
又東三十里曰鮮山其木多楢杻苴其草多亹冬其陽多
金其陰多鐵有獸焉其狀如膜大赤喙赤目白尾見則
其邑有火名曰移即音谷
又東三十里曰章山或作童山其陽多金其陰多美石皐水出
焉東流注于澧水其中多硊石未聞魚跪反
又東二十五里曰大支之山其陽多金其木多穀柞無草
又東五十里曰區吴之山其木多苴
又東五十里曰聲匈之山其木多穀多玉上多封石
又東五十里曰大騩之山上已有此山疑同名其陽多赤金其陰多

砥石

又東十里曰踵臼之山無草木

又東北七十里曰歷或作磨石之山其木多荆芑其陽多黄金

其陰多砥石有獸焉其狀如狸而白首虎爪名曰梁渠

見則其國有大兵

又東南一百里曰求山求水出于其上潛于其下中有美赭其

木多苴多䈽篠屬其陽多金其陰多鐵

又東二百里曰丑陽之山其上多椆椐有鳥焉其狀如烏

而赤足名曰駅餘音如叔[illegible]之叔可以禦火

又東三百里曰奧山其上多栢杻橿其陽多㻬琈之玉奧

水出焉東流注于視水

又東三十五里曰服山其木多苴其上多封石其下多赤錫

又東三百里曰杳山其上多嘉榮草多金玉

又東三百五十里曰凡山其木多楢檀杻其草多[illegible]有獸焉其狀如彘黃身白頭白尾名曰聞獜（音隣）見則天下大風（獜一作豩音豠）

凡荊山之首自翼望之山至于几山凡四十八山三千七百三十二里其神狀皆彘身人首其祠毛用一雄雞祈瘞用一珪糈用五種之精禾山帝也其祠大牢之具

羞瘞倒毛（薦羞反倒牲理之也）用一璧牛無常堵山玉山冢也皆倒祠羞毛少牢嬰毛吉玉

中次十二經洞庭山之首曰篇遇之山（或作肩）無草木多黃金

又東南五十里曰雲山無草木有桂竹甚毒傷人必死（今始興郡桂陽縣出筀竹大者圍二尺長四丈又交趾有篥竹實中勁強有毒銳以刺虎中之則死亦此類也）其上多黃金其下多㻬琈之玉

又東南一百三十里曰龜山其木多穀柞椆椐其上多黃金其下多青雄黃多扶竹（邛竹也高節實中中杖也名之扶老竹）

又東七十里曰丙山多筀竹多黃金銅鐵無木

又東南五十里曰風伯之山其上多金玉其下多痠石文石（未詳痠石之義）多鐵其木多柳杻檀楮其東有林焉名曰莽浮之林多美木鳥獸

又東一百五十里曰夫夫之山其上多黃金其下多青雄黃其木多桑楮其草多竹雞鼓神于兒居之其狀人身而身操兩蛇常遊于江淵出入有光

又東南一百二十里曰洞庭之山（今長沙巴陵縣西又有洞庭陂潛伏通江離騷曰邅吾道兮洞庭洞庭波兮木葉下皆謂此也字或作廷宜從水）其上多黃金其下多銀鐵其木多柤梨橘櫾其草多葌蘪蕪芍藥芎藭（蘪蕪似蛇牀而香也）帝之二女居之（天帝之二女而處江為神即列仙傳江妃二女也離騷九歌所謂湘夫人稱帝

子者是也而河圖玉版曰湘夫人者帝堯女也秦始皇浮江至湘山逢大風而問博士湘君何神博士曰聞之堯二女舜妃也死而葬此列女傳曰二女死於江湘之間俗謂爲湘君鄭司農亦以舜妃爲湘君說者皆以舜陟方而死二妃從之俱溺死於湘江遂號爲湘夫人案九歌湘君湘夫人自是二神江湘之有夫人猶河瀆之有虞妃也此之爲靈與天地竝矣安得謂之堯女且既謂之堯女安得復總云湘君哉何以考之禮記曰舜葬蒼梧二妃不從明二妃生不從征死不從葬義可知矣即令從之二女靈達鑒通無方尚能以鳥工龍裳救井廩之難豈當不能自免於風波而有變論之患乎假復如此傳曰生爲上公死爲貴神禮五岳比三公四瀆比諸侯今湘川不及四瀆無秩於命祀而二女帝者之后配靈神祇無緣當復下降小水而爲夫人也參五其義義既混錯錯綜其理理無可據斯不然矣原其致謬之由由乎俱以帝女爲名名實相亂莫矯其失習非勝是終古不悟可悲矣

是常遊于江淵澧沅之風交瀟湘之淵此言二女遊戲江之淵府則能鼓三江令風波之氣共相交通言其靈響之意也江湘沅水皆共會巴陵頭故號爲三江之口

澧又去之七八十里而入江焉淮南子曰弋釣瀟湘今所在未詳也瀟音蕭是在九江之間地理志九江今在潯陽南江自潯陽而分爲九皆東會于大江書曰九江孔殷是也出入必以飄風暴雨是多怪神狀如人而載蛇左右手操蛇多怪鳥

又東南一百八十里曰暴山其木多椶柟荊芑竹箭䉋箘其篠類中箭見禹貢其上多黃金玉其下多文石鐵其獸多麋鹿麐就就鵰也見廣雅

又東南二百里曰即公之山其上多黃金其下多㻬琈之玉其木多柳杻檀桑有獸焉其狀如龜而白身赤首名曰蛫音詭是可以禦火

又東南一百五十九里曰堯山其陰多黃堊其陽多黃金其

木多荆芑柳檀其草多藷藇术

又東南一百里曰汗浮之山其上多銀砥礪無草木其獸多豕鹿

又東二百里曰真陵之山其上多黄金其下多玉其木多穀柞柳杻其草多榮草

又東南一百二十里曰陽帝之山多美銅其木多橿杻檿楮（檿山桑也）其獸多麢麝

又南九十里曰柴桑之山（今在潯陽柴桑縣南與廬山相連也）其上多銀其下多碧多冷石赭其木多柳芑楮桑其獸多麋鹿多白蛇飛蛇（即螣蛇乘霧而飛者）

又東南二百三十里曰榮余之山其上多銅其下多銀其木多柳芑其蟲多怪蛇怪蟲

凡洞庭山之首自篇遇之山至于榮余之山凡十五山二千八百里其神狀皆鳥身而龍首其祠毛用一雄雞一牝豚刏（刏亦割刺之名）糈用稌凡夫夫之山即公之山堯山陽帝之山皆冢也其祠皆肆瘞（肆陳之也陳牲玉而後埋藏之）祈用酒毛用少牢嬰毛一吉玉洞庭榮余山神也其祠皆肆瘞（肆竟然後依前埋之也）祈酒太牢祠嬰用圭璧十五五彩惠之（惠猶飾也方言耳）

右中經之山志大凡百九十七山二萬一千三百七十

一里大凡天下名山五千三百七十居地大凡六萬四千五十六里

禹曰天下名山經五千三百七十山六萬四千五十六里居地也言其五臧蓋其餘小山甚衆不足記云天地之東西二萬八千里南北二萬六千里出水之山者八千里受水者八千里出銅之山四百六十七出鐵之山三千六百九十此天地之所分壤樹穀也戈矛之所發也刀鎩之所起也能者有餘拙者不足封於太山禪於梁父七十二家得失之數皆在此內是謂國用管子地數云封禪之王七十二家也

右五藏山經五篇大凡一萬五千五百三字

海外南經第六　郭氏傳

地之所載六合之間（四方上下爲六合也）四海之内照之以日月經之以星辰紀之以四時要之以太歲神靈所生其物異形或夭或壽唯聖人能通其道（言自非窮理盡性者則不能原極其情變）

海外自西南陬至東南陬者（陬猶隅也音騶）

結匈國在其西南其爲人結匈（臆前朕出如人結喉也）南山在其東南自此山來蟲爲蛇蛇號爲魚（以蟲爲蛇以蛇爲魚）一曰南山在結匈東南比翼鳥在其東其爲鳥青赤（似鳧）兩鳥比翼一曰在南山東

羽民國在其東南其爲人長頭身生羽（能飛不能遠卵生畫似仙人也）

一曰在比翼鳥東南其爲人長頰啓筮曰羽民之狀鳥喙赤目而白首有
神人二八連臂爲帝司夜於此野晝隱夜見在羽民東其爲
人小頰赤肩當脾上正赤也盡十六人疑此後人所增益語耳畢方鳥在
其東青水西其爲鳥人面一脚一曰在二八神東
讙頭國在其南其爲人人面有翼鳥喙方捕魚讙兜堯臣有罪
自投南海而死帝憐之使其子居南海而祠之畫亦似仙人也一曰在畢方東或曰讙
朱國
厭火國在其國南獸身黑色生火出其口中言能吐火畫似獼猴
而黑色也一曰在讙朱東
三株樹在厭火北生赤水上其爲樹如栢葉皆爲珠一

曰其爲樹若彗如彗星狀

三苗國在赤水東其爲人相隨昔堯以天下讓舜三苗之君非之帝殺之有苗之民叛入南海爲三苗國一曰三毛國

臷國在其東音秩亦音替其爲人黃能操弓射蛇大荒經云此國自然有五穀衣服一曰臷國在三毛東

貫匈國在其東其爲人匈有竅尸子曰四夷之民有貫匈者有深目者有長肱者黃帝之德嘗致之異物志曰穿匈之國去其衣則無自然者蓋似効此貫匈人也一曰在臷國東

交脛國在其東其爲人交脛言脚脛曲戾相交所謂雕題交趾者也或作頸其爲人交頭而行也一曰在穿匈東

不死民在其東其爲人黑色壽不死有貟丘山上有不死樹食之乃壽亦有赤泉飲之不老一曰在穿匈國東

歧舌國在其東其人舌皆歧或云支舌也一曰在不死民東

崑崙墟在其東墟四方墟山下基也一曰在歧舌東爲墟四方

羿與鑿齒戰於壽華之野羿射殺之在崑崙墟東羿持弓矢鑿齒持盾鑿齒亦人也齒如鑿長五六尺因以名云一曰戈未詳

三首國在其東其爲人一身三首一曰在鑿齒東

周饒國在其東其爲人短小冠帶其人長三尺穴居能爲機巧有五穀也一曰焦僥國在三首東外傳云焦僥民長三尺短之至也詩含神霧曰從中州以東西千萬里得焦僥國人長一尺五寸也

長臂國在其東捕魚水中兩手各操一魚舊說云其人手下垂至地魏黃初中玄菟太守王頎討高句麗王宮窮追之過沃沮國其東界臨大海近日之所出問其耆老海東復有人否云嘗在海中得一布褶身如中人衣兩袖長三丈即此長臂人衣也一曰在焦僥東捕魚海中

狄山帝堯葬于陽呂氏春秋曰堯葬穀林今陽城縣西東阿縣城次鄉中諸陽縣湘亭南皆有堯冢帝嚳葬于陰嚳堯父號高辛今冢在頓丘縣城南臺陰野中也音酷爰有熊羆文虎雕虎也尸子曰中黃伯余左執太行之獶而右搏雕虎也蜼豹蜼獼猴類離朱木名也見莊子今圖作赤鳥視肉聚肉形如牛肝有兩目也食之無盡尋復更生如故吁咽所未詳也文王皆葬其所今文王墓在長安鄗聚社中案帝王冢墓皆有定處而山海經往往復見之者蓋以聖人久於其位仁化廣及恩洽鳥獸至於殂亡四海若喪考妣無思不哀故絕域殊俗之人聞天子崩各

自立坐而繇歠哭泣起土爲冢是以所在有焉亦然漢氏諸遠郡國皆有天子廟此其遺象也

一曰湯山一曰爰有熊羆文虎蜼豹離朱鴟久鴟久鵂鶹之屬視肉虖交所未詳也其范林方三百里言林木氾濫布行也

南方祝融獸身人面乘兩龍火神也

海外西經第七

郭氏傳

海外自西南陬至西北陬者

滅蒙鳥在結匈國北爲鳥青赤尾

大運山高三百仞在滅蒙鳥北

大樂之野夏后啓於此儛九代（九代馬名儛謂盤作之令儛也）乘兩龍雲蓋三層（層猶重也）左手操翳（羽葆幢也）右手操環（玉空邊等爲環）佩玉璜（半璧曰璜）在大運山北（歸藏鄭母經曰夏后啓筮御飛龍登于天吉明啓亦仙也）一曰大遺之野（大荒經云大穆之野）

三身國在夏后啓北一首而三身

一臂國在其北一臂一目一鼻孔有黃馬虎文一目而一手

奇肱之國或作弘奇音羈在其北其人一臂三目有陰有陽乘文馬陰在上陽在下文馬即吉良也有鳥焉兩頭赤黃色在其旁其人善爲機巧以取百禽能作飛車從風遠行湯時得之於豫州界中即壞之不以示人後十年西風至復作遣之形天與帝至此爭神帝斷其首葬之常羊之山乃以乳爲目以臍爲口操干戚以舞干盾戚斧也是爲無首之民

女祭女戚在其北居兩水間戚操魚䱢䱢魚屬祭操俎肉几

鴜鳥鸇鳥次瞻兩音其色青黃所經國亡此應禍之鳥即今梟鵂鶹之類在女祭北鴜鳥人面居山上一曰維鳥青鳥黃鳥所集

丈夫國在維鳥北其爲人衣冠帶劍殷帝大戊使王孟採藥從西王母至此絕粮不能進食木實衣木皮終身無妻而生二子從形中出其父即死是爲丈夫民

女丑之尸生而十日炙殺之在丈夫北以右手鄣其面
蔽面十日居上女丑居山之上
巫咸國在女丑北右手操青蛇左手操赤蛇在登葆山
群巫所從上下也採藥往來
并封在巫咸東其狀如彘前後皆有首黑今弩弦蛇亦此類也
女子國在巫咸北兩女子居水周之有黃池婦人入浴出即懷妊矣若生
男子三歲輒死周猶繞也離騷曰水周於堂下也一曰居一門中
軒轅之國在此窮山之際其不壽者八百歲其國在山南邊也大
荒經曰岷山之南在女子國北人面蛇身尾交首上窮山在其
北不敢西射畏軒轅之丘言敬畏黃帝威靈故不敢向西而射也在軒轅

國北其丘方四蛇相繞繚繞樛纓此諸夭之野夭音沃鸞鳥自

歌鳳鳥自舞鳳皇卵民食之甘露民飲之所欲自從也

言滋味無不有所願得自在此謂夭野也百獸相與群居在四蛇北其人兩

手操卵食之兩鳥居前導之

龍魚陵居在其北狀如狸或曰龍魚似狸一角一曰鰕音遐即有神

聖乘此以行九野九域之野一曰鼈魚在夭野北其為魚也

如鯉鼈音惡橫也

白民之國在龍魚北白身被髮言其人體洞白有乘黃其狀如

狐其背上有角乘之壽二千歲周書曰白民乘黃似狐背上有兩角即飛黃也

淮南子曰天下有道飛黃伏阜

肅愼之國在白民北有樹名曰雄（或作雒）常先入代帝於此取之（其俗無衣服中國有聖帝代立者則此木生皮可衣也）

長股之國在雄常北被髮（國在赤水東也長臂人身如中人而臂長二丈以類推之則此人脚過三丈矣黃帝時至或曰長脚人常負長臂人入海中捕魚也）一曰長脚（或曰有喬國今伎家喬人蓋象此身）

西方蓐收左耳有蛇乘兩龍（金神也人面虎爪白毛執鉞見外傳）

海外北經第八　　郭氏傳

海外自東北陬至西北陬者

無脊之國音啓或作綮在長股東爲人無脊脊肥腸也其人穴居食土無男女死即埋之其心不朽死百廿歲乃復更生

鍾山之神名曰燭陰燭龍也是燭九陰因名云視爲晝瞑爲夜吹爲冬呼爲夏不飲不食不息息爲風息氣息也身長千里在無脊之東其爲物人面蛇身赤色居鍾山下淮南子曰龍身一足

一目國在其東一目中其面而居一曰有手足

柔利國在一目東爲人一手一足反膝曲足居上一脚手反卷曲也一云留利之國人足反折

共工之臣曰相柳氏共工霸九州者九首以食于九山頭各自食一山
之物言貪暴雜饜相柳之所抵厥為澤谿抵觸厥抵也音厥禹殺相柳
其血腥不可以樹五穀種禹厥之三仞三沮掘塞之而上三沮滔
言其血膏浸潤壞地乃以為衆帝之臺言地潤濕唯可積土以為臺觀在崑崙之
北此崑崙山在海外者柔利之東相柳者九首人面蛇身而青不
敢北射畏共工之臺臺在其東臺四方隅有一蛇虎色
首衝南方衝猶向也
深目國在其東為人舉一手一目一作日在共工臺東
無腸之國在深目東一作南其為人長而無腸為人長大腹內無腸
所食之物直通過

聶耳之國在無腸國東使兩文虎爲人兩手聶其耳言耳長行則以手攝持之也音諾頰反縣居海水中縣猶邑也及水所出入奇物言盡規有之兩虎在其東

夸父與日逐走入日言及日於將入也逐音胄渴欲得飲飲於河渭河渭不足北飲大澤未至道渴而死弃其杖化爲鄧林夸父者蓋神人之名也其能及日景而傾河渭豈以走飲哉寄用於走飲耳幾乎不疾而速不行而至者矣此以一體爲萬殊存亡代謝寄鄧林而遯形惡得尋其靈化哉

博父國在聶耳東其爲人大右手操青蛇左手操黃蛇鄧林在其東二樹木一曰博父禹所積石之山在其東河水所入河出崑崙而潛行地下至葱嶺復出注鹽澤從鹽澤復行南出於此山而為中國河遂注

海也書曰導河積石言時有壅塞故導利以通之

拘纓之國在其東一手把纓言其人常以一手持冠纓也或曰纓宜作癭一曰利纓之國尋木長千里在拘纓南生河上西北

跂踵國在拘纓東音企其爲人大兩足亦大其人行腳跟不著地也孝經鉤命訣曰焦僥跂踵重譯款塞也一曰大踵

歐絲之野在大踵東一女子跪據樹歐絲言噉桑而吐絲蓋蠶類也

三桑無枝在歐絲東其木長百仞無枝言皆長百仞也

范林方三百里在三桑東洲環其下洲水中可居者環繞也

務隅之山帝顓頊葬于陽顓頊號爲高陽冢今在濮陽故帝丘也一曰頓丘縣城門外廣陽里中九嬪葬于陰嬪婦一曰爰有熊羆文虎離朱鴟久

視肉

平丘在三桑東爰有遺玉遺玉玉石青鳥視肉楊柳甘柤其樹枝榦皆赤黃華白葉黑實呂氏春秋曰其山之東有甘柤焉音如柤梨之柤甘華亦赤枝榦黃華百果所生在兩山夾上谷二大丘居中名曰平丘

北海內有獸其狀如馬名曰騊駼陶塗兩音見爾雅有獸焉其名曰駮狀如白馬鋸牙食虎豹周書曰義渠茲白茲白若白馬鋸牙食虎豹案此二說與爾雅同有素獸焉狀如馬名曰蛩蛩即蛩蛩鉅虛也一走百里見穆天子傳音卬有青獸焉狀如虎名曰羅羅

北方禺彊人面鳥身珥兩青蛇踐兩赤蛇字玄冥水神也莊周曰禺彊立於北極一曰禺京一本云北方禺彊黑身手足乘兩龍

海外東經第九　　郭氏傳

海外自東南陬至東北陬者

䁆丘（音嗟或作發）爰有遺玉青馬視肉楊柳甘柤甘華甘果所生在東海兩山夾丘上有樹木一曰嗟丘一曰百果所在在堯葬東

大人國在其北爲人大坐而削船一曰在䁆丘北

奢比之尸在其北（亦神名也）獸身人面大耳珥兩青蛇（珥以蛇貫耳也音釣餌之餌）一曰肝榆之尸在大人北

君子國在其北衣冠帶劍食獸使二大虎在旁其人好讓不爭有薰（或作堇）華草朝生夕死一曰在肝榆之尸北

䖺䖺在其北音虹各有兩首虹螮蝀也一曰在君子國北

朝陽之谷神曰天吴是爲水伯在䖺䖺北兩水間其爲

獸也八首人面八足八尾背青黄大荒東經東十尾

青丘國在其北其人食五穀衣絲帛其狐四足九尾一曰在朝陽北汲郡竹書曰栢杼子征于東海及三壽得一狐九尾即此類也

帝命竪亥步自東極至于西極五億十選竪亥健行人選萬也九

千八百步竪亥右手把筭左手指青丘北一曰禹令

竪亥一曰五億十萬九千八百步詩含神霧曰天地東西二億三萬三阡里南北二億一千五百里天地相去一億五萬里

黑齒國在其北東夷傳曰倭國東四千餘里有裸國裸國東南有黑齒國知行一年可至也異

物志云西屠染齒亦以放此人爲人黑食稻啖蛇一赤一青一作青蛇在其旁
一曰在豎亥北爲人黑手食稻使蛇其一蛇赤下有湯谷
谷中水熱也湯谷上有扶桑扶桑木也十日所浴在黑齒北居水
中有大木九日居下枝一日居上枝莊周云昔者十日並出草木焦枯淮
南子亦云堯乃令羿射十日中其九日日中烏盡死離
騷所謂羿焉畢日烏焉落羽者也歸藏鄭母經云昔者
羿善射畢十日果畢之汲郡竹書曰胤甲即位居西河
有妖孽十日並出明此自然之異有自來矣傳曰天有
十日日之數十此云九日居下枝一日居上枝大荒經
又曰一日方至一日方出明天地雖有十日自使以次
第迭出運照而今俱見爲天下妖災故羿禀堯之命洞
其靈誠仰天控弦而九日潛退也假令器用可以激水
烈火積感可以降霜回景然則羿之鑠明離而斃陽烏
未足爲難也若搜之常情則無理以然推之以數則無
往不通達觀之客宜領其玄致歸之冥會則逸義無滯言奇不廢矣雨師妾在其北雨師

謂屏翳也其爲人黑兩手各操一蛇左耳有青蛇右耳有赤蛇一曰在十日北爲人黑身人面各操一龜

玄股之國在其北髀以下盡黑故云其爲人衣魚以魚皮爲衣也食驅驅水鳥也音憂使兩鳥夾之一曰在雨師妾北

毛民之國在其北爲人身生毛今去臨海郡東南二千里有毛人在大海洲島上爲人短小面體盡有毛如豬能穴居無衣服晉永嘉四年吳郡司鹽都尉戴逢在海邊得一船上有男女四人狀皆如此言語不通送詣丞相府未至道死唯有一人在上賜之婦生子出入市井漸曉人語自說其所在是毛民也大荒經云毛民食黍者是矣一曰在玄股北

勞民國在其北其爲人黑食果草實也有一鳥兩頭或曰教民一曰在毛民北爲人面目手足盡黑

東方勾芒鳥身人面乘兩龍木神也方面素服墨子曰昔秦穆公有明德上帝使勾芒賜之壽十九年

建平元年四月丙戌待詔太常屬臣望校治侍中光

祿勳臣龔侍中奉車都尉光祿大夫臣秀領主省

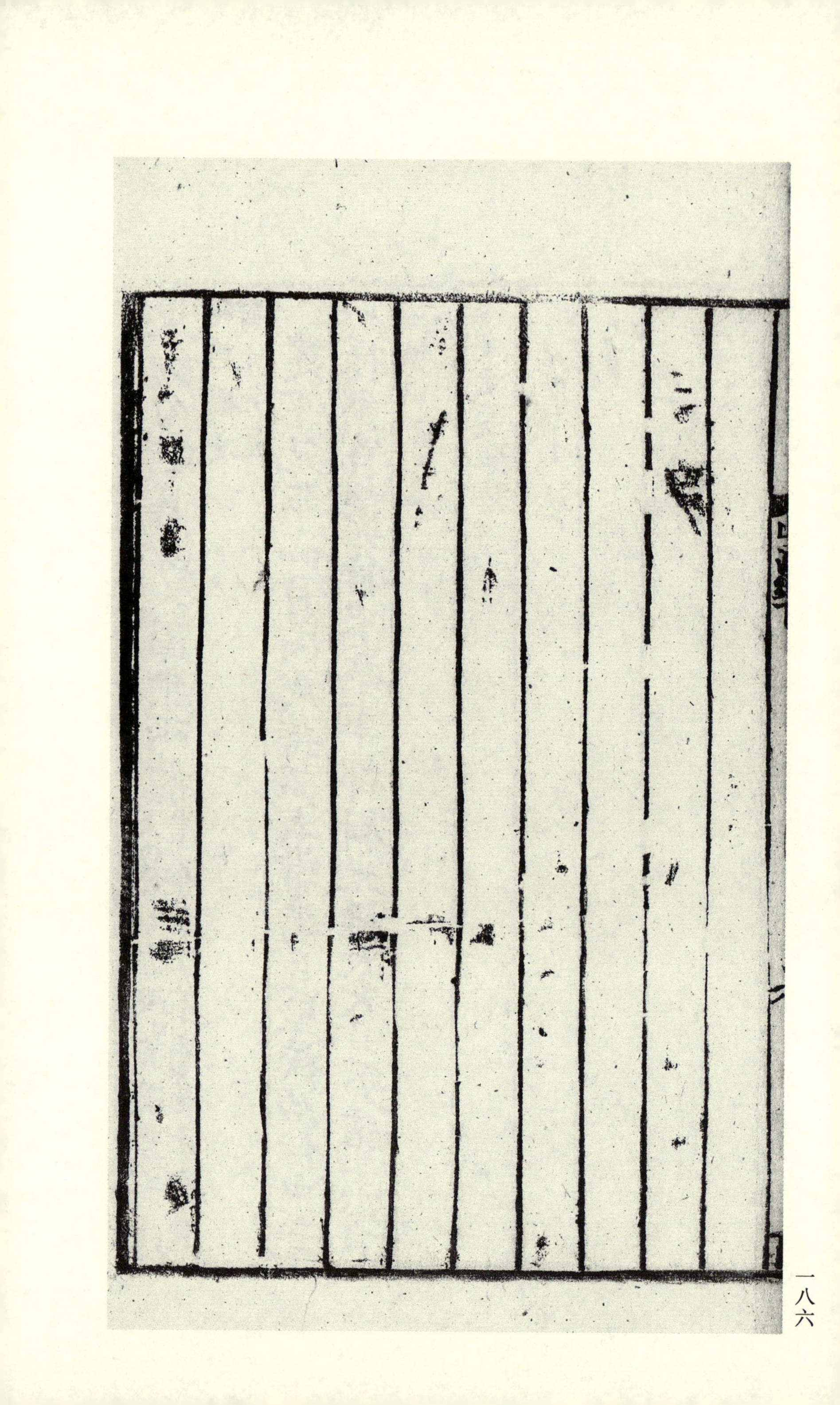

海内南經第十　　郭氏傳

海内東南陬以西者（從南頭起之也）

甌居海中（今臨海永寧縣即東甌在岐海中也音嘔）閩在海中（音旻）其西北有山（閩越即西甌今建安郡是也亦在岐海中）一曰閩中山在海中

三天子鄣山（音章）在閩西海北（今在新安歙縣東今謂之三王山浙江出其邊也張氏土地記曰東陽永康縣南四里有石城山上有小石城云黄帝曾遊此即三天子都也）一曰在海中

桂林八樹在番隅東（八樹而成林言其大也番隅今番隅縣）

伯慮國（未詳）離耳國（鎪離其耳分令下垂以為飾即儋耳也在朱崖海渚中不食五穀但噉蚌及藷藇也）彫題國（黥湼其面畫體為鱗采即鮫人也）北朐國（未詳音劬）皆在鬱水南鬱水出湘陵南山一曰相慮

梟陽國在北朐之西其爲人人面長脣黑身有毛反踵見人笑亦笑左手操管周書曰州靡髴髴者人身反踵自笑笑則上脣掩其面爾雅亦云髴髴大傳曰周書成王時州靡國獻之海內經謂之贛巨人今交州南康郡深山中皆有此物也長丈許脚跟反向健走被髮好笑雌者能作汁灑中人即病土俗呼爲山都南康今有贛水以有此人因以名水猶大荒說地有蜮人人因號其山爲蜮山亦此類也

兕在舜葬東湘水南其狀如牛蒼黑一角

蒼梧之山帝舜葬于陽即九疑山也禮記亦曰舜葬蒼梧之野也帝丹朱葬于陰今丹陽縣復有丹朱冢也竹書亦曰后稷放帝朱于丹水與此義符丹朱稱帝者猶漢山陽公死加獻帝之謚也

氾林方三百里在狌狌東或作猩猩字同耳

狌狌知人名其爲獸如豕而人面周書曰鄭郭狌狌者狀如黃狗而人面頭如雄雞食之不眯今交趾封溪出狌

狌土俗人說云狀如豚而在舜葬西復似狗聲如小兒啼也

狌狌西北有犀牛其狀如牛而黑犀牛似水牛猪頭在狌狌知人名之西北庳脚三角

夏后啓之臣曰孟涂是司神于巴人聽其獄訟爲之神主請訟于孟涂之所今斷之也其衣有血者乃執之不直者則血見于衣是請生言好生也居山上在丹山西丹山在丹陽南丹陽居屬也今建平郡丹陽城秭歸縣東七里即孟涂所居也

窫窳龍首居弱水中在狌狌知人名之西其狀如龍首食人窫窳本蛇身人面爲貳負臣所殺復化而成此物也

有木其狀如牛河圖玉版說芝草樹生或如車馬或如龍蛇之狀亦此類也引之有皮若纓黃蛇言牽之皮剝如人冠纓及黃蛇狀也其葉如羅如綾羅也其實如欒欒木名黃本赤枝青葉生雲雨山或作卵

或作麻音欒其木若蘦蘦亦木名未詳其名曰建木在窫窳西弱水上建木青葉紫莖黑花黃實其下聲無響立無影也

氐人國氐音觸抵之抵在建木西其為人人面而魚身無足盡胷以上人胷以下魚也

巴蛇食象三歲而出其骨君子服之無心腹之疾今南方蚺蛇吞鹿鹿已爛自絞於樹腹中骨皆穿鱗甲間出此其類也楚詞曰有蛇吞象厥大何如說者云長千尋其為蛇青黃赤黑一曰黑蛇青首在犀牛西

旄馬其狀如馬四節有毛穆天子傳所謂豪馬者亦有旄牛在巴蛇西北高山南

匈奴一曰獫狁開題之國音提列人之國並在西北三國並在旄馬西北

海内西經第十一　郭氏傳

海内西南陬以北者

貳負之臣曰危危與貳負殺窫窳帝乃梏之疏屬之山梏猶繫縛也音活桎其右足桎械反縛兩手與髮并髮合縛之也繫之山上木在開題西北漢宣帝使人上郡發盤石石室中得一人徒裸被髮反縛械一足以問群臣莫能知劉子政案此言對之宣帝大驚於是時人爭學山海經矣論者多以爲是其尸象非真體也意者以靈怪變化論難以理測物稟異氣出於不然不可以常運推不可以近數揆矣魏時有人發故周王冢者得殉女子不死不生數日時有氣數月而能語狀如廿許人送詣京師郭太后愛養之恒在左右十餘年太后崩此女哀思哭泣一年餘而死即此類也

大澤方百里群鳥所生及所解百鳥於此生乳解毻毛羽在鴈門北

鴈門山鴈出其閒在高柳北

高柳在代北

后稷之葬山水環之（在廣都之野）在氐國西

流黃酆氏之國中方三百里（言國城內）有塗四方中有山（塗道）

在后稷葬西

流沙出鍾山西行又南行崑崙之墟西南入海黑水之山（今西海居延澤尚書所謂流沙者形如月生五日也）

東胡在大澤東

夷人在東胡東

貊國在漢水東北（今扶餘國即濊貊故地在長城北去玄菟千里出名馬赤玉貂皮大珠如

也[illegible]東地近于燕滅之孟鳥亦鳥名也在貊國東北其鳥文赤黃青東鄉

海內崑崙之墟在西北言海內者明海外復有崑崙山帝之下都崑崙之墟方八百里高萬仞皆謂其虛基廣輪之高庳耳自此以上二千五百餘里上有醴泉華池去嵩高五萬里蓋天地之中也見禹本紀上有木禾長五尋大五圍木禾穀類也生黑水之阿可食見穆天子傳面有九井以玉爲檻檻欄面有九門門有開明獸守之百神之所在在八隅之巖在巖間也赤水之際非仁羿莫能上岡之巖言非仁人及有才藝如羿者不能得登此山之岡嶺巉巖也羿嘗請藥西王母亦言其得道也羿或作聖

赤水出東南隅以行其東北西南流注南海厭火東

河水出東北隅以行其北西南又入渤海又出海外即西而北入禹所導積石山禹治水復決䟽出之故云導河積石

洋水音翔黑水出西北隅以東東行又東北南入海羽民南弱水青水出西南隅以東又北又西南過畢方鳥東西域傳烏弋國去長安萬五千餘里西行可百餘日至條枝國臨西海長老傳聞有弱水西王母云東夷傳亦曰長城外數千里亦有弱水皆所未見也淮南子云弱水出窮石窮石今之西郡那冄蓋其派別之源耳

崑崙南淵深三百仞靈淵開明獸身大類虎身或作直而九首皆人面東嚮立崑崙上天獸也銘曰開明為獸稟資乾精瞪視崑崙威震百靈

開明西有鳳皇鸞鳥皆戴蛇踐蛇膺有赤蛇

開明北有視肉珠樹文玉樹五彩玉樹玗琪樹玗琪赤玉屬也吳天璽元

年臨海郡吏五曜在海水際得石樹高三尺餘莖葉紫色詰曲傾靡有光彩即玉樹之類也于其兩音不死樹言常生也鳳皇鸞鳥皆戴瞂盾也音伐又有離朱木禾栢樹甘水即醴泉也聖木食之令人智聖也曼兑未詳一曰挺木牙交淮南作璇樹璇玉類也

開明東有巫彭巫抵巫陽巫履巫凡巫相皆神醫也世本曰巫彭作醫楚詞曰帝告巫陽夾窫窳之尸皆操不死之藥以距之為距却死氣求更生窫窳者蛇身人面貳負臣所殺也

服常樹其上有三頭人伺琅玕樹服常木未詳琅玕子似珠爾雅曰西北之美者有崑崙之琅玕焉莊周曰有人三頭遞臥遞起以伺琅玕與玕琪子謂此人也

開明南有樹鳥六首蛟蛟似蛇四脚龍類也蝮蛇蜼豹鳥秩樹木名

未詳於表池樹木言列樹以表池即華池也誦鳥鳥名形未詳也鶽雕也穆天子傳曰爰有白鶽青鵰音竹筍之筍視肉

海内北經第十二

郭氏傳

海内西北陬以東者

蛇巫之山上有人操杯而東向立一曰龜山杯或作棓字同

西王母梯几而戴勝杖梯謂憑也其南有三青鳥爲西王母取食又有三足烏主給使在崑崙虛北有人曰大行伯把戈其東有犬封國昔盤瓠殺戎王高辛以美女妻之不可以訓乃浮之會稽東南海中得三百里地封之生男爲狗女爲美人是爲狗封之民也貳負之尸在大行伯東

犬封國曰犬戎國黃帝之後卞明生白犬二頭自相牝牡遂爲此國狀如犬言狗國也有一女子方跪進柸食與狗食也有文馬縞身朱鬣色白如縞目若黃金名曰吉量或作良乘之壽千歲周書曰犬戎文馬赤鬣白身目

若黃金名曰吉黃之乘成王時獻之六韜曰文身朱鬣眼若黃金項若雞尾名曰雞斯之乘大傳曰駮身朱鬣雞目山海經亦有吉黃之乘壽千歲者惟名有不同說有小錯其實一物耳今博舉之以廣異聞也

鬼國在貳負之尸北爲物人面而一目一曰貳負神在其東爲物人面蛇身

蜪犬如犬青音陶食人從首始或作蚼蚼音鉤

窮奇狀如虎有翼毛如蝟食人從首始所食被髮在蜪犬北一曰從足

帝堯臺帝嚳臺帝丹朱臺帝舜臺各二臺臺四方在崑崙東北此蓋天子巡狩所經過夷狄慕聖人恩德輒共爲築立臺觀以標顯其遺跡也一本云所殺相柳地腥臊不可種五穀以爲衆帝之臺

大蠭其狀如螽朱蛾其狀如蛾（蛾蚍蜉也楚詞曰玄蠭如壺赤蛾如象謂此也）

蟜其爲人虎文脛有𦚔（言脚有膊腸也音橋）在窮奇東一曰狀如人崑崙虛北所有（此目上物事也）

闒非人面而獸身青色（音榻）

據比（一云掾比）之尸其爲人折頸被髮無一手

環狗其爲人獸首人身一曰蝟狀如狗黄色

袜其爲物人身黑首從目（神即魅也）

戎其爲人人首三角

林氏國有珍獸大若虎五彩畢具尾長於身名曰騶吾乘之日行千里（六韜云紂囚文王閎夭之徒詣林氏國求得此獸獻之紂大說乃釋之周書曰

夾林莤耳莤耳若虎尾參於身食虎豹大傳謂之侄獸吾宜作虞也

崑崙虛南所有氾林方三百里

從極之淵深三百仞維冰夷恒都焉冰夷馮夷也淮南云馮夷得道以潛大川即河伯也穆天子傳所謂河伯無夷者竹書作馮夷字或作冰也冰夷人面乘兩龍畫四面各乘靈車駕二龍一曰忠極之淵陽汙之山河出其中凌門之山河出其中皆河之枝源所出之處也

王子夜之尸兩手兩股胷首齒皆斷異處此蓋形解而神連皃乖而氣合合不爲密離不爲踈

舜妻登比氏生宵明燭光即二女字也以能光照因名云處河大澤澤河邊溢漫處二女之靈能照此所方百里言二女神光所燭及者方百里一曰

登北氏

蓋國在鉅燕南倭北倭屬燕倭國在帶方東大海内以女爲王其俗露紒衣服無針功以丹朱塗身不妬忌一男子數十婦也

朝鮮在列陽東海北山南列陽屬燕朝鮮今樂浪縣箕子所封也列亦水名也今在帶方帶方有列口縣

列姑射在海河洲中山名也山有神人河洲在海中河水所經者莊子所謂藐姑射之山也

姑射國在海中屬列姑射西南山環之

大蟹在海中蓋千里蟹也

陵魚人面手足魚身在海中

大鯾居海中鯾即魴魚也音鞭

明組巴居海中音祖

蓬萊山在海中上有仙人宮室皆以金玉爲之鳥獸盡白望之如雲在渤海中也

大人之市在海中

海內東經第十三

郭氏傳

海內東北陬以南者

鉅燕在東北陬

國在流沙中者埻端（音敦）璽㬇（音喚或作繭㬇）在崑崙虛東南一曰海內之郡不爲郡縣在流沙中

國在流沙外者大夏（大夏國城方二三百里分爲數十國地和溫宜五穀）豎沙居繇（音遥）月支之國（月支國多好馬美果有大尾羊如驢尾即羬羊也小月支天竺國皆附庸云）

西胡白玉山在大夏東蒼梧在白玉山西南皆在流沙西崑崙虛東南崑崙山在西胡西皆在西北（地理志崑崙山在臨羌西又有西王母祠也）

雷澤中有雷神龍身而人頭鼓其腹在吴西（今城陽有堯冢靈臺雷澤在北也河圖曰大迹在雷澤華胥履之而生伏羲）

都州在海中一曰郁州（今在東海朐縣界世傳此山自蒼梧從南徙來上皆有南方物也郁音鬱）

琅邪臺在渤海間琅琊之東（今琅琊在海邊有山嶕嶢特起狀如高臺此即琅琊臺也琅琊者越王勾踐入霸中國之所都）其北有山一曰在海間

韓鴈在海中都州南

始鳩在海中轅厲南（國名或曰鳥名也）

會稽山在大楚南岷三江首

大江出汶山（今江出汶山郡升遷縣岷山東南經蜀郡犍爲至江陽東北經巴東建平宜都南郡）

（江夏弋陽安豐至廬江南界東北經淮南下邳至廣陵郡入海）北江出曼山南江出高山高山在城都西入海在長州南

浙江出三天子都在其東（按地理志浙江出新安黟縣南蠻中東入海今錢唐浙江是也黟即歙也浙音折）在閩西北入海餘暨南（餘暨縣屬會稽今爲求興縣）

廬江出三天子都入江彭澤西（彭澤今彭蠡也在尋陽彭澤縣）一曰天子鄣

淮水出餘山餘山在朝陽東義鄉西入海淮浦北（今淮水出義陽平氏縣桐栢山東北經汝南汝陰淮南譙國下邳至廣陵縣入海朝陽縣今屬新野）

湘水出舜葬東南陬西環之（環繞也今湘水出零陵營道縣陽朔山入江）入洞庭下（洞庭地穴也在長沙巴陵今吳縣南太湖中有包山下有洞庭穴道潛行水底云無所不通號

爲地脉 一曰東南西澤

漢水出鮒魚之山書曰嶓冢導漾東流爲漢案水經漢水出武都沮縣東狼谷經漢中魏興至南鄉東經襄陽至江夏安陸縣入江別爲沔水又爲滄浪之水帝顓頊葬于陽九嬪葬于陰四蛇衛之言有四蛇衛守山下

濛水出漢陽西入江聶陽西漢陽縣屬朱提

温水出崆峒崆峒山在臨汾南入河華陽北今温水在京兆陰盤縣水常温也臨汾縣屬平陽

潁水出少室少室山在雍氏南入淮西鄢北今潁水出河南陽城縣乾山東南經潁川汝陰至淮南下蔡入淮鄢今鄢陵縣屬潁川一曰緱氏縣屬河南音鈎

汝水出天息山在梁勉鄉西南入淮極西北今汝水出南陽魯陽

縣大孟山東北至河南梁縣東南經襄城潁川汝南至汝陰褒信縣入淮淮極地名一曰淮在期

思北期思縣屬弋陽

涇水出長城北山山在郁郅長垣北皆縣名也郅音桎北入渭

戲北今涇水出安定朝那縣西开頭山東南經新平扶風至京兆高陵縣入渭戲池名今新豐縣也

渭水出鳥鼠同穴山東注河入華陰北鳥鼠同穴山今在隴西首陽縣

渭水出其東經南安天水略陽扶風始平京兆弘農華陰縣入河

白水出蜀而東南注江色微白濁今在梓潼白水縣源從臨洮之西西傾山來經沓中

東流通陰平至漢壽縣入潛入江州城下江州縣屬巴郡

沅水山出象郡鐔城西象郡今日南也鐔城縣今屬武陵音淫入東注江

入下雋西下雋縣今屬長沙音昨兗反合洞庭中水經曰沅水出牂牁且蘭縣又東北

至鐔城縣爲沅水又東過臨沅縣南又東至長沙下雋縣

贛水出聶都東山今贛水出南康南野縣西北音感也東北注江入彭澤西

泗水出吴東北而南西南過湖陵西而東南注東海入淮陰北今泗水出魯國卞縣西南至高平胡陸縣東南經沛國彭城下邳至臨淮下相縣入淮

鬱水出象郡而西南注南海入須陵東南

肄水出臨晉西南音如肄習之肄而東南注海入番禺西番禺縣屬南海越之城下也

潢水出桂陽西北山音黄東南注肄水入敦浦西

洛水出洛西山東北注河入成皋之西書曰道洛自熊耳冢水經洛水今出上洛冢嶺山東北經弘農至河南鞏縣入河成皋縣亦屬河南也

汾水出上窳北音愈而西南注河入皮氏南今汾水出太原晉陽故汾陽縣東南經晉陽西南經西河平陽至河東汾陰入河皮氏縣屬平陽

沁水出井陘山東東南注河入懷東南懷縣屬河內河內北有井陘山

濟水出共山南東丘共與恭同絕鉅鹿澤絕猶截度也鉅鹿今在高平注渤海入齊琅槐東北今濟水自滎陽卷縣東經陳留至潛陰北東北至高平東北經齊南至樂安博昌縣入海今碣石也諸水所出又與水經違錯以為凡山川或有同名而異實或同實而異名或一實而數名似是而非以非而是且歷代久遠古今變易語有楚夏名號不同未得詳也

潦水出衛皋東出塞外衛皋山玄菟高句驪縣有潦東山小潦水所出西河注大潦音遼南注渤海入潦陽潦陽縣屬潦東

虖池水出晉陽城南而西至陽曲北而東注渤海經河閒樂

城東北注渤海也晉陽陽曲縣皆屬太原入越章武北章武郡名
漳水出山陽東東注渤海入章武南新城沂陰縣亦有漳水
建平元年四月丙戌待詔太常屬臣望校治侍中光
禄勳臣龔侍中奉車都尉光禄大夫臣秀領主省一

大荒東經第十四　郭氏傳

東海之外大壑詩含神霧曰東注無底之谷謂此壑也離騷曰降望大壑少昊之國少昊金天氏帝摯之號也少昊孺帝顓頊於此孺義未詳棄其琴瑟言今壑中有琴瑟也有甘山者甘水出焉生甘淵水積則成淵也

大荒東南隅有山名皮母地丘

東海之外大荒之中有山名曰大言日月所出有波谷山者有大人之國晉永嘉二年有鶖鳥集于始安縣南廿里之鶖陂中民周虎張得之木矢貫之鐵鏃其長六尺有半以箭計之其射者人身應長一丈五六尺也又平州別駕高會語云倭國人嘗行遭風吹度大海外見一國人皆長丈餘形狀似胡蓋是長翟別種箭殆將從此國來也外傳曰焦僥人長三尺短之至也長者不過十丈數之極也案河圖玉版曰從崑崙以北九萬里得龍伯國人長三十丈生萬八千歲而

死從崑崙以東得大秦人長十丈皆衣帛從此以東十萬里得僬人國長三十丈五尺從此以東十萬里得中秦國人長一丈穀梁傳曰長翟身橫九畝載其頭眉見於軾即長數丈人也秦時大人見臨洮身長五丈脚跡六尺準斯以言則此大人之長短未可得限度也

有大人之市名曰大人之堂（亦山名形狀如堂室耳大人時集會其上作市肆也）

有一大人踆其上張其兩耳（踆或作俊皆古蹲字莊子曰踆於會稽也）

有小人國名靖人（詩含神霧曰東北極有人長九寸殆謂此小人也或作竫音同）有神人面獸身名曰犂𩳁之尸（𩳁音靈字）

有潏山楊水出焉（音如潏詠之譎）

有蔿國黍食（言此國中惟有黍穀也蔿音口僞反）使四鳥虎豹熊羆

大荒之中有山名曰合虛日月所出有中容之國帝俊

生中容俊亦舜字假借音也中容人食獸木實此國中有赤木玄木其華實美見呂氏春秋使四鳥豹虎熊羆

有東口之山有君子之國其人衣冠帶劍亦使虎豹好謙讓也

有司幽之國帝俊生晏龍晏龍生司幽司幽生思士不妻思女不夫言其人直思感而氣通無配合而生子此莊生所謂白鶂相視眸子不運而感風化之類也食黍食獸是使四鳥

有大阿之山者

大荒中有山名曰明星日月所出

有白民之國帝俊生帝鴻帝鴻生白民白民銷姓黍食使四鳥虎豹熊羆又有乘黃獸乘之以致壽考也

有青丘之國有狐九尾太平則出而爲瑞也

有柔僕民是維嬴土

之國(嬴猶沃衍也音盈)有黑齒之國(齒如漆也)帝俊生黑齒(聖人神化無方故其後世所降育多有殊類異狀之人諸言生者多謂其苗裔未必是親所產)姜姓黍食使四鳥

有夏州之國有蓋余之國有神人八首人面虎身十尾名曰天吳(水伯)

大荒之中有山名曰鞠陵于天(音菊)東極離瞀(三山名也音穀瞀)日月所出名曰折丹(神人)東方曰折(單吁之)來風曰俊(未詳來風所在也)處東極以出入風(言此人能節宣風氣時其出入)

東海之渚中(渚島)有神人面鳥身珥兩黃蛇(以蛇貫耳)踐兩黃蛇名曰禺猇黃帝生禺䝞禺䝞生禺京(即禺彊也)禺京處北海禺䝞處東海是惟海神(言分治一海而為神也䝞一本作號)

有招摇山融水出焉有國曰玄股自髀以下如漆黍食使四鳥

有困民國勾姓而食有人曰王亥兩手操鳥方食其頭

王亥託于有易河伯僕牛河伯僕牛皆人姓名託寄也見汲郡竹書有易殺

王亥取僕牛竹書曰殷王子亥賓于有易而淫焉有易之君綿臣殺而放之是故殷上甲微假師于河伯以伐有易滅之遂殺其君綿臣也河念有易有易潛出爲國於獸方

食之名曰摇民言有易本與河伯友善上甲微殷之賢王假師以義伐罪故河伯不得不助滅之旣而哀念有易使得潛化而出化爲摇民國帝舜生戲戲生摇民海内有兩

人此乃有易所化作也名曰女丑即女丑之尸言其變化無常也然則一以涉化津而遯神域者亦無往而不之觸感而寄迹矣范蠡之倫亦聞其風者也女丑有大蟹廣千里也

大荒之中有山名曰孽摇頵羝上有扶木柱三百里其

葉如芥（柱猶起高也葉似芥菜）有谷曰溫源谷（溫源即湯谷也）湯谷上有

扶木（扶桑在上）一日方至一日方出（言交會相代也）皆載於烏（中有三足烏）有神人面大耳獸身珥兩青蛇名曰奢比尸有五彩之鳥相鄉棄沙（未聞沙義）惟帝俊下友（亦未聞也）帝下兩壇彩鳥是司（言山下有舜二壇五彩鳥主之）

大荒之中有山名曰猗天蘇門日月所生有壎民之國（音如諠譁之諠）有綦山（音忌）又有搖山有䰝山（音如釜甑之甑）又有門戶山又有盛山又有待山有五彩之鳥

東荒之中有山名曰壑明俊疾日月所出有中容之國

東北海外又有三青馬三騅（馬蒼白雜毛為騅）甘華爰有遺

玊三青鳥三騅視肉聚肉有眼甘華甘柤百穀所在言自生也

有女和月母之國有人名曰鳧音婉北方曰鳧來之風曰狻言亦有兩名也音剡是處東極隅以止日月使無相間出沒司其短長言鳧主察日月出入不令得相間錯知景之短長

大荒東北隅中有山名曰凶犁土丘應龍處南極應龍龍有翼者也殺蚩尤與夸父蚩尤作兵者不得復上應龍遂住地下故下數旱上無復作雨者故也旱而為應龍之狀乃得大雨今之土龍本此氣應自然冥感非人所能為者

東海中有流波山入海七千里其上有獸狀如牛蒼身而無角一足出入水則必風雨其光如日月其聲如雷

其名曰夔黃帝得之以其皮爲鼓橛以雷獸之骨雷獸即雷神也人面龍身鼓其腹者橛猶擊也聲聞五百里以威天下

大荒南經第十五　　郭氏傳

南海之外，赤水之西，流沙之東，赤水出崑崙山，流沙出鍾山也。有獸，左右有首，名曰跊踢。出狖名國，黜惕兩音。有三青獸相并，名曰雙雙。言體合爲一也，公羊傳所云雙雙而俱至者，蓋謂此也。

有阿山者。南海之中，有氾天之山，赤水窮焉。窮極於此山也。赤水之東，有蒼梧之野，舜與叔均之所葬也。叔均，商均也。舜巡狩死於蒼梧而葬之，商均因留死，亦葬焉，墓今在九疑之中。爰有文貝、即紫貝也。離俞、即離朱。鴟久、即鵂鶹也。鷹賈、賈亦鷹屬。委維、即委蛇也。熊羆、象、虎、豹、狼、視肉。

有熒山，熒水出焉。黑水之南，有玄蛇，食麈。今南方蚺蛇吞鹿，亦此類。

有巫山者，西有黃鳥，帝藥八齋。天帝神仙藥在此也。黃鳥於巫山

司此玄蛇言主之也

大荒之中有不庭之山榮水窮焉有人三身帝俊妻娥皇生此三身之國蓋後裔所出也姚姓黍食使四鳥舜姚姓也有淵四方四隅皆達言淵四角皆旁通也北屬黑水南屬大荒北屬猶連也北旁名曰少和之淵南旁名曰從淵音騘馬之騘舜之所浴也言舜嘗在此中澡浴也

又有成山甘水窮焉甘水出甘山極此中也有季禺之國顓頊之子食黍言此國人顓頊之裔子也有羽民之國其民皆生毛羽

有卵民之國其民皆生卵即卵生也

大荒之中有不姜之山黑水窮焉黑水出崑崙山又有賈山汽

水出焉又有言山又有登備之山（即登葆山羣巫所從上下者也）有恝恝之山（音如券契之契）又有蒲山澧（音禮）水出焉又有隗山（音隗嚚）其西有丹其東有玉又南有山漂水出焉（音栗）有尾山有翠山（言此山有翠鳥也）

有盈民之國於姓黍食又有人方食木葉

有不死之國阿姓甘木是食（甘木即不死樹食之不老）

大荒之中有山名曰去痓南極果北不成去痓果（音如風痓之痓未詳）

南海渚中有神人面珥兩青蛇踐兩赤蛇曰不廷胡余

有神名曰因因乎南方曰因乎夸風曰乎民（亦有三名一神名耳）

處南極以出入風

有襄山又有重陰之山有人食獸曰季釐帝俊生季釐故曰季釐之國有緡淵（音昏）少昊生倍伐倍伐降處緡淵有水四方名曰俊壇（水狀似土壇因名舜壇也）

有臷民之國（爲人黃色）帝舜生無淫降臷處是謂巫臷民巫臷民盼姓食穀不績不經服也（言自然有布帛也）不稼不穡食也（言五穀自生也種之爲稼收之爲穡）爰有歌舞之鳥鸞鳥自歌鳳鳥自舞爰有百獸相羣爰處百穀所聚

大荒之中有山名曰融天海水南入焉有人曰鑿齒羿殺之（射殺也）

有蜮山者有蜮民之國音惑桑姓食黍射蜮是食蜮短狐也似鼈含沙射人中之則病死此山出之亦以名云有人方扜弓射黃蛇音紆扜挽也名曰蜮人

有宋山者有赤蛇名曰育蛇有木生山上名曰楓木楓木蚩尤所棄其桎梏蚩尤為黃帝所得械而殺之已摘棄其械化而為樹也是謂楓木即今楓香樹有人方齒虎尾名曰祖狀之尸音如柤梨之柤

有小人名曰焦僥之國皆長三尺幾姓嘉穀是食

大荒之中有山名𣧑塗之山音朽青水窮焉青水出崑崙有雲雨之山有木名曰欒音鸞禹攻雲雨攻謂槎伐其林木有赤石焉生欒言山有精靈復變生此木於赤石之上黃本赤枝青葉羣帝焉取藥

言樹花實皆爲神藥

有國曰顓頊生伯服食黍有鼬姓之國音如橘柚之柚有苕山

又有宗山又有姓山又有壑山又有陳州山又有東州

山又有白水山白水出焉而生白淵昆吾之師所浴也

昆吾古王者号音義曰昆吾山名溪水也出善金二文有異莫知所辨測有人名曰張弘在

海上捕魚

海中有張弘之國或曰即奇肱人疑非食魚使四鳥有人焉鳥喙

有翼方捕魚於海

大荒之中有人名曰驩頭鯀妻士敬士敬子曰炎融生驩頭

驩頭人面鳥喙有翼食海中魚杖翼而行翅不可以飛倚杖之用行

而巳

維宜芑苣穋楊是食 管子說地所宜云其種穋杞黑黍皆禾類也苣黑黍今字作秬 旁起秬秬三音

有驩頭之國

帝堯帝嚳帝舜葬於岳山 即狄山也 爰有文貝離俞鴟久鷹賈延維視肉熊羆虎豹朱木赤支青華玄實有申山者

大荒之中有山名曰天臺高山海水入焉

東南海之外甘水之間有羲和之國有女子名曰羲和方浴日於甘淵 羲和蓋天地始生主日月者也故啓筮曰空桑之蒼蒼八極之既張乃有夫羲和是主日月職出入以為晦明又曰瞻彼上天一明一晦有夫羲和之子出于湯谷故堯因此而立羲和之官以主四時其後世遂為此國作日月之象而掌之沐浴遷轉之於甘水中以效其出入湯谷虞淵也所謂世不失職耳

羲和者帝俊之妻生十日 言生十子各以日名名之故言生十日數十也

有蓋猶之山者其上有甘柤枝幹皆赤黄葉白華黑實東又有甘華枝幹皆赤黄葉有青馬有赤馬名曰三騅有視肉有小人名曰菌人（音如朝菌之菌）有南類之山爰有遺玉青馬三騅視肉甘華百穀所在

大荒西經第十六

郭氏傳

西北海之外大荒之隅有山而不合名曰不周負子淮南子曰昔者共工與顓頊爭帝怒而觸不周之山天維絶地柱折故今此山缺壞不周帀也有兩黃獸守之有水曰寒暑之水水西有濕山水東有幕山音莫有禹攻共工國山言攻其國殺其臣相柳於此山啓筮曰共工人面蛇身朱髮也有國名曰淑士顓頊之子言亦出自高陽氏也有神十人名曰女媧之腸或作女媧之腹化爲神處栗廣之野女媧古神女而帝者人面蛇身一日中七十變其腹化爲此神栗廣野名媧音瓜橫道而處言斷道也有人名曰石夷來風曰韋來或作本也處西北隅以司日月之長短言察日月晷度之節有五彩之鳥有冠名曰狂鳥爾雅云狂夢鳥即此也有大澤之

長山有白民之國

西北海之外赤水之東有長脛之國脚長三丈有西周之國姬姓食穀有人方耕名曰叔均帝俊生后稷俊宜為嚳嚳第二妃生后稷也稷降以百穀稷之弟曰台璽音胎生叔均叔均是代其父及稷播百穀始作耕有赤國妻氏有雙山

西海之外大荒之中有方山者上有青樹名曰柜格之松木名音短日月所出入也

西北海之外赤水之西有先民之國食穀使四鳥有北狄之國黃帝之孫曰始均始均生北狄有芒山有桂山有搖山此山多桂及搖木因名云耳其上有人號曰太子長琴顓頊

生老童世本云顓頊娶于滕墳氏謂之女祿產老童也老童生祝融即重黎也高辛氏火正號曰祝融也祝融生太子長琴是處搖山始作樂風創制樂風曲也有五彩鳥三名一曰皇鳥一曰鸞鳥一曰鳳鳥有蟲狀如菟胷以後者裸不見言皮色青故不見其裸露處青如猨狀狀又似獿大荒之中有山名曰豐沮玉門日月所入有靈山巫咸巫即巫盼巫彭巫姑巫真巫禮巫抵巫謝巫羅十巫從此升降百藥爰在群巫上下此山采之也西有王母之山壑山海山皆群大靈之山有沃之國言其土饒沃也沃民是處沃之野鳳鳥之卵是食甘露是飲凡其所欲其味盡存言其所願滋味此無所不備爰有甘華甘柤白柳視肉三騅

琁瑰瑶碧琁瑰亦玉名穆天子傳曰枝斯璿瑰旋回二音白木琅玕樹色正白今南方有文木亦黑木也白丹青丹又有黑丹也孝經援神契曰王者德至山陵而黑丹出然則丹者別是彩名亦猶黑白黃皆云丹也多銀鐵鸞鳥自歌鳳鳥自舞爰有百獸相羣是處是謂沃之野有三青鳥赤首黑目一名曰大鵹一名少鵹音黎一名曰青鳥皆西王母所使也有軒轅之臺射者不敢西嚮射畏軒轅之臺敬難黃帝之神

大荒之中有龍山日月所入有三澤水名曰三淖昆吾之所食也穆天子傳曰滔水濁繇氏之所食亦此類也有人衣青以袂蔽面袂袖名曰女丑之尸有女子之國王頎至沃沮國盡東界問其耆老云國人常乘船捕魚遭風見吹數十日東一國在大海中純女無男即此國也

有桃山有㽥山有桂山有于土山有丈夫之國其國無婦人也

有弇州之山五彩之鳥仰天張口嘘天名曰鳴鳥爰有百樂歌儛之風爰有百種伎樂歌儛風曲有軒轅之國其人人面蛇身江山之南棲爲吉即窮山之際也山居爲棲吉者言無凶夭不壽者乃八百歲壽者數千歲

西海陼中有神人面鳥身珥兩青蛇踐兩赤蛇名曰弇茲

大荒之中有山名曰日月山天樞也吳姖天門日月所入有神人面無臂兩足反屬於頭上名曰嘘言嘘啼也

顓頊生老童老童生重及黎世本云老童娶於根水氏謂之驕福產重及黎帝令重獻上天令黎邛下地古者人神雜擾無別顓頊乃命南正重司天以屬神命火正黎司地以屬民重實上天黎實下地獻邛義未詳也下地是生噎處於西極以

行日月星辰之行次（主察日月星辰之度數次舍也）

有人反臂名曰天虞（亦尸虞也）有女子方浴月帝俊妻常羲生月十有二此始浴之（義與羲和浴日同）有玄丹之山（出黑丹也）有五色之鳥人面有髮爰有青鴍（音文）黃鷔（音敖）青鳥黃鳥其所集者其國亡有池名孟翼之攻顓頊之池（孟翼人姓名也）

大荒之中有山名曰鏖鏊鉅（鏊音如敖）日月所入者有獸左右有首名曰屏蓬（即并封也語有輕重耳）有巫山者有壑山者有金門之山有人名曰黃姖之尸有比翼之鳥有白鳥青翼黃尾玄喙（奇鳥）有赤犬名曰天犬其所下者有兵（周書云天狗所止地盡傾餘光燭天爲流星長數十丈其疾如風其聲如雷其光如電吳楚七國反）

時未過梁國者是也

西海之南流沙之濱赤水之後黑水之前有大山名曰崑崙之丘有神人面虎身有文有尾皆白處之言其尾以白爲點駮其下有弱水之淵環之其水不勝鴻毛其外有炎火之山投物輒然今去扶南東萬里有耆薄國東復五千里許有火山國其山雖霖雨火常然火中有白鼠時出山邊求食人捕得之以毛作布今之火澣布是也即此山之類有人戴勝虎齒有豹尾穴處名曰西王母河圖玉版亦曰西王母居崑崙之山西山經曰西王母居玉山穆天子傳曰乃紀名迹于弇山之石曰西王母之山也然則西王母雖以崑崙之宮亦自有離宮別窟遊息之處不專住一山也故記事者各舉所見而言之此山萬物盡有

大荒之中有山名曰常陽之山日月所入

有寒荒之國有二人女祭女薎或持觶或持俎
有壽麻之國呂氏春秋曰南服壽麻北懷闟耳
南岳娶州山女名曰女虔女虔生季格季格生壽麻壽
麻正立無景疾呼無響言其稟形氣有異於人也列仙傳曰玄俗無景爰有大
暑不可以往言熱炙殺人也有人無首操戈盾立名曰夏耕之
尸亦形天尸之類故成湯伐夏桀于章山克之于章山名斬耕厥前
頭亦在前者耕既立無首走厥咎逃避罪也乃降于巫山自竄于巫山巫
山今在建平巫縣
有人名曰吳回奇左是無右臂即奇肱也吳回祝融弟亦為火正也
有蓋山之國有樹赤皮支幹青葉名曰朱木或作朱威木也有

一臂民北極下亦有一脚人見河圖玉版

大荒之中有山名曰大荒之山日月所入有人焉三面是顓頊之子三面一臂無左臂也三面之人不死言人頭三邊各有面也玄菟太守王頎至沃沮國問其耆老云復有一破船隨波出在海岸邊上有一人項中復有面與語不解了不食而死此是兩面人也呂氏春秋曰一臂三面之鄉也是謂大荒之野

西南海之外赤水之南流沙之西有人珥兩青蛇乘兩龍名曰夏后開開上三嬪于天嬪婦也言獻美人于天帝得九辯與九歌以下皆天帝樂名也開登天而竊以下用之也開筮曰昔彼九冥是與帝辯同宮之序是為九歌又曰不可竊辯與九歌以國于下義具見於歸藏此天穆之野高二千仞竹書曰顓頊產伯鯀是維若陽居天穆之陽也開焉得始歌九招竹書曰夏后開儛九招也

有互人之國人面魚身炎帝之孫炎帝神農名曰靈恝音如券契之契靈恝生互人是能上下于天言能乘雲雨也有魚偏枯名曰魚婦顓頊死即復蘇言其人能變化也風道北來天乃大水泉言泉水得風暴溢出道猶從也韓非曰玄鶴二八道南方而來蛇乃化爲魚是謂魚婦顓頊死即復蘇淮南子曰后稷龍在建木西其人死復蘇其半爲魚蓋謂此也有青鳥身黃赤足六首名曰鸀鳥音觸有大巫山有金之山西南大荒之中隅有偏句常羊之山

案夏后開即啓避漢景帝諱云

大荒北經第十七

郭氏傳

東北海之外大荒之中河水之間附禺之山帝顓頊與九嬪葬焉此皆殊俗義所作冢爰有鴟久文貝離俞鸞鳥鳳鳥大物小物言備有也有青鳥琅鳥玄鳥黃鳥虎豹熊羆黃蛇視肉璿瑰瑤碧皆出衛於山在其山邊也丘方圓三百里丘南帝俊竹林在焉大可爲舟言舜林中竹一節則可以爲船也竹南有赤澤水水色赤也名曰封淵封亦大也有三桑無枝皆高百仞丘西有沉淵顓頊所浴

有胡不與之國一國復名耳今胡夷語皆通然烈姓黍食

大荒之中有山名曰不咸有肅愼氏之國今肅愼國去遼東三千餘里穴

居無衣衣猪皮冬以膏塗體厚數分用却風寒其人皆工射弓長四尺勁彊箭以楛木爲之長尺五寸青石爲鏑此春秋時隼集陳侯之庭所得矢也晉大與三年平州刺史崔毖遣别駕高會使來獻肅慎氏之弓矢箭鏃有似銅骨作者問云轉與海內國通得用此今名之爲挹婁國出好貂赤玉豈從海外轉而至此乎後漢書所謂挹婁國是也有蜚蛭四翼翡窒兩音有蟲獸首蛇身名曰琴蟲亦蛇類也有人名曰大人有大人之國釐姓黍食有大青蛇黃頭食麈今南方蚺蛇食鹿鹿亦麈屬也有榆山有鯀攻程州之山皆因其事而名物也

大荒之中有山名曰衡天有先民之山有槃木千里音盤

有叔歜國音昨感反一音觸顓頊之子黍食使四鳥虎豹熊羆

有黑蟲如熊狀名曰猎猎或作獨音夕同有北齊之國姜姓使虎豹熊羆

大荒之中有山名曰先檻大逢之山河濟所入海北注焉河濟注海已復出海外入此山中也其西有山名曰禹所積石有陽山者有順山者順水出焉有始州之國有丹山此山純出丹朱也竹書曰和甲西征得一丹山今所在亦有丹山丹出土穴中有大澤方千里羣鳥所解穆天子傳曰北至廣原之野飛鳥所解其羽乃於此獵鳥獸絕羣載羽百車竹書亦曰穆王北征行流沙千里積羽千里皆謂此澤也有毛民之國其人面躰皆生毛依姓食黍使四鳥禹生均國均國生役采役采采一作來生脩鞈青如罤袷之袷脩鞈殺綽人人名帝念之潛為之國潛密同之為國是此毛民

有儋耳之國任姓（其人耳大下儋垂右有上朱崖儋耳鏤畫其耳亦以放之也）禺號
子食穀北海之者中（言在海名中種粟谷食謂禺彊也）有神人面鳥身
珥兩青蛇踐兩赤蛇名曰禺彊
大荒之中有山名曰北極天櫃（音匱）海水北注焉有神九首人
面鳥身名曰九鳳又有神銜蛇操蛇其狀虎首人身四蹄
長肘名曰彊良（亦在獸畫中）
大荒之中有山名曰成都載天有人珥兩黃蛇把兩黃
蛇名曰夸父后土生信信生夸父夸父不量力欲追日
景逮之於禺谷（禺淵日所入也今作虞）將飲河而不足也將走大
澤未至死于此（禺也）應龍已殺蚩尤又殺夸父（上云夸父不量力與）

日競而死今此復云爲應龍所殺死無定名觸事而寄明其變化無方不可揆測也乃去南方處之故南方多雨言龍水物以類相感故也又有無腸之國是任姓爲人長也無繼子食魚繼亦當作脊謂膞腸也共工臣名曰相繇相抑也語聲轉耳九首蛇身自環言轉旋也食于九土言貪殘也其所歍所尼歍嘔猶噴吒尼止也即爲源澤言多氣力不辛乃苦言氣酷烈百獸莫能處言畏之也禹湮洪水殺相繇禹塞洪水由以溺殺之也其血腥臭不可生穀其地多水不可居也言其膏血滂流成淵水也禹湮之三仞三沮言禹以土塞之地陷壞也乃以爲池羣帝是因以爲臺地下宜積土故衆帝因來在此共作臺在崑崙之北有岳之山尋竹生焉尋大竹名

大荒之中有山名曰不句海水入焉有係昆之山者有共

工之臺射者不敢北鄉(言畏之也)有人衣青衣名曰黃帝女魃(音如旱妭之魃)蚩尤作兵伐黃帝黃帝乃令應龍攻之冀州之野(冀州中土也黃帝亦教虎豹熊羆以與炎帝戰于阪泉之野而滅之見史記)應龍畜水蚩尤請風伯雨師縱大風雨黃帝乃下天女曰魃雨止遂殺蚩尤魃不得復上所居不雨(旱氣在也)叔均言之帝後置之赤水之北(遠徙之也)叔均乃爲田祖(主田之官詩云田祖有神)魃時亡之(畏見逐也)所欲逐之者令曰神北行(向水位也)先除水道決通溝瀆(言逐之必得雨故見先利水道令之逐魃是也)

有人方食魚名曰深目民之國盼姓食魚(亦胡類但眼絕深黃帝時至也)

有鍾山者有女子衣青衣名曰赤水女子獻(神女也)

大荒之中有山名曰融父山順水入焉有人名曰犬戎黃帝生苗龍苗龍生融吾融吾生弄（一作卞）明弄明生白犬白犬有牝牡（言自相配合也）是為犬戎肉食有赤獸馬狀無首名曰戎宣王尸（犬戎神名也）

有山名曰齊州之山君山鬵山（音潛）鮮野山魚山有人一目當面中生一曰是威姓少昊之子食黍有繼無民繼無民任姓無骨子食氣魚（言有無骨人也尸子曰徐偃王有筋無骨）

西北海外流沙之東有國曰中輪顓頊之子食黍有國名曰賴丘有犬戎國有神人面獸身名曰犬戎

西北海外黑水之北有人有翼名曰苗民（三苗之民）顓頊生

驩頭驩頭生苗民苗民釐姓食肉有山名曰章山

大荒之中有衡石山九陰山灰野之山上有赤樹青葉赤華名曰若木生崑崙西附西極其華光赤下照地有牛黎之國有人無骨儋耳之子儋耳人生無骨子也

西北海之外赤水之北有遼尾山有神人面蛇身而赤身長千里直目正乘直目月從正乘未聞其瞑乃晦其視乃明言視為晝眠為夜也不食不寢不息風雨是謁言能請致風雨是燭九陰照九陰之幽隱沉是謂燭龍離騷曰日安不到燭龍何照詩含神霧曰天不足西北無有陰陽消息故有龍銜精以往照天門中云淮南子曰蔽于委羽之山不見天日也

海内經第十八

東經之内北海之隅有國名曰朝鮮天毒其人水居朝鮮今樂浪郡也天毒即天竺國貴道德有文書金銀錢貨浮屠出此國中也晉大興四年天竺胡王獻珍寶偎人愛人銀亦愛也音隱隈

西海之内流沙之中有國名曰壑市音郝

西海之内流沙之西有國名曰氾葉音如汎濫之汎

流沙之西有鳥山碧三水出焉三水同出一山也爰有黄金璿瑰丹貨銀鐵皆流于此中言其中有雜珍奇寶也又有淮山好水出焉

流沙之東黑水之西有朝雲之國司彘之國黄帝妻雷

祖生昌意世本云黄帝娶于西陵氏之子謂之纍祖產青陽及昌意昌意降處若水
生韓流竹書云昌意降居若水產帝乾荒乾荒即韓流也生帝顓頊韓流擢首謹耳
擢首長咽謹耳未開人面豕喙麟身渠股渠車朝言跰脚也大傳曰爰如車渠豚止
止足取淖子曰阿女生帝顓頊世本云顓頊母濁山氏之子名昌僕
流沙之東黑水之閒有山名不死之山即員丘也華山青水
之東有山名曰肇山有人名曰柏高柏子高仙者也柏高上下
於此至于天言翱翔雲天往來此山也
西南黑水之閒有都廣之野后稷葬焉其城方三百里蓋天下之中素
女所出也離騷曰絕都廣野而直指號爰有膏菽膏稻膏黍膏稷言味好皆
滑如膏外傳曰膏粢之子菽豆粢粟也百穀自生冬夏播琴播琴猶播殖方俗言耳

鸞鳥自歌鳳鳥自儛靈壽實華（靈壽木名也似竹有枝節）草木所聚（在此叢殖也）爰有百獸相羣爰處（於此羣聚）此草也冬夏不死

南海之內黑水青水之間有木名曰若木（樹赤華青）若水出焉有禺中之國有列襄之國有靈山有赤蛇在木上名曰蝡蛇木食（言不食禽獸也音如耎弱之耎）

有鹽長之國有人焉鳥首名曰鳥氏（今佛書中有此人即鳥夷也）有九丘以水絡之（絡猶繞也）名曰陶唐之丘（陶唐堯號）有叔得之丘孟盈之丘昆吾之丘（此山出名金也尸子曰昆吾之金）黑白之丘赤望之丘參衛之丘武夫之丘（此山出美石）神民之丘（言上有神人）有木青葉紫莖玄華黃實名曰建木百仞無枝有九欘（枝回）

曲也音如斤斸之斸下有九枸根盤錯也淮南子曰木大則根擢音劬其實如麻

似麻子也其葉如芒芒木似棠梨也大皞爰過言庖羲於此經過也黃帝所爲

言治護之也有窫窳龍首是食人在弱水中有青獸人面名曰猩

猩能言

西南有巴國今三巴是大皞生咸鳥咸鳥生乘釐乘釐生後

照後照是始爲巴人爲之始祖有國名曰流黃辛氏即酆氏也其

域中方三百里其出是塵土言殷盛也有巴遂山澠水出焉

又有朱卷之國有黑蛇青首食象即巴蛇也

南方有贛巨人即梟楊也音感人面長臂黑身有毛反踵見人

笑亦笑唇蔽其面因即逃也又有黑人虎首鳥足兩手

持蛇方啗之

有蠃民鳥足音盈有封豕大猪也羿射殺之有人曰苗民三苗民也有神焉人首蛇身長如轅大如車轂澤神也左右有首峻頭衣紫衣冠旃冠名曰延維委蛇人主得而饗食之伯天下齊桓公出田於大澤見之遂霸諸侯亦見莊周作朱冠有鸞鳥自歌鳳鳥自儛鳳鳥首文曰德翼文曰順膺文曰仁背文曰義見則天下和言和平也又有青獸如菟名曰菌狗音如朝菌之菌有翠鳥有孔鳥孔雀也

南海之內有衡山南嶽有菌山音菌有桂山或云衡山有菌桂桂員似竹見本草有山名三天子之都一本三天子之鄣山

南方蒼梧之丘蒼梧之淵其中有九嶷山音疑舜之所葬

在長沙零陵界中山今在零陵營道縣南其山九谿皆相似故云九是古者惣名其地爲蒼梧也北海之內有蛇山者蛇水出焉東入于海有五彩之鳥飛蔽一鄉漢宣帝元康元年五色鳥以萬數過蜀都即此鳥也名曰翳鳥鳳屬也離騷曰駟玉虬而乘翳又有不距之山巧倕葬其西倕堯巧工也音瑞

北海之內有反縛盜械帶戈常倍之佐名曰相顧之尸亦貳負臣危之類伯夷父生西岳西岳生先龍先龍是始生氐羌氐羌乞姓伯夷父顓頊師今氐羌其苗裔也

北海之內有山名曰幽都之山黑水出焉其上有玄鳥玄蛇玄豹玄虎黑虎名䖘見爾雅玄狐蓬尾蓬叢也阻留反說苑曰蓬狐文豹之皮有大玄之山有玄丘之民言丘上人物盡黑也有大幽之國

民也宄居無衣有赤脛之民膝已下正赤色
有釘靈之國其民從膝已下有毛馬蹄善走詩含神霧曰馬蹄自
鞭其蹄日行三百里
炎帝之孫伯陵伯陵同吴權之妻阿女緣婦同猶通言淫之也吴
權人姓名緣婦孕三年孕懷身也是生鼓延殳始為侯三子名也殳音殊
鼓延是始為鍾世本云毋句作磬倕作鍾為樂風作樂之曲制
黄帝生駱明駱明生白馬白馬是為鯀即禹父也世本曰黄帝生昌意
昌意生顓頊顓頊生鯀帝俊生禺號禺號生淫梁淫梁生番禺是
始為舟世本云共鼓貨狄作舟番禺生奚仲奚仲生吉光吉光是
始以木為車世本云奚仲作車此言吉光明其父子共創作意是以互稱之少皥生般

音班般是始爲弓矢世本云牟夷作矢揮作弓弓矢一器作者兩人於義有疑此言般之作是
帝俊賜羿彤弓素矰彤弓朱弓矰矢名以白羽羽之外傳曰白羽之矰望之如荼也以
扶下國言令羿以射道除患扶助下國羿是始去恤下地之百艱言射殺鑿
齒封豕之屬也有窮后羿慕羿射故號此名也帝俊生晏龍晏龍是爲琴瑟世本
云伏羲作琴神農作瑟帝俊有子八人是始爲歌儛帝俊生三身
三身生義均義均是始爲巧倕是始作下民百巧后稷
是播百穀稷之孫曰叔均是始作牛耕始用牛犁也大比赤
陰或作音是始爲國得封爲國禹鯀是始布土均定九州布猶敷也
書曰禹敷土定高山大川炎帝之妻赤水之子聽訞生炎居炎居生
節並節並生戲器戲器生祝融祝融高辛氏火正號祝融降處于

江水生共工共工生術器術器首方顛頭頂平也是復土穰以處江水復祝融之所也共工生后土后土生噎鳴噎鳴生歲十有二生十二子皆以歲名名之故云然洪水滔天滔漫也鯀竊帝之息壤以堙洪水息壤者言土自長息無限故可以塞洪水也開筮曰滔滔洪水無所止極伯鯀乃以息石息壤以填洪水漢元帝時臨淮徐縣地踊長五六里高二丈即息土之類也不待帝命帝令祝融殺鯀于羽郊羽山之郊鯀復生禹開筮曰筮死三歲不腐剖之以具刀化為黃龍也帝乃命禹卒布土以定九州鯀績用不成故復命禹終其功

山海經終

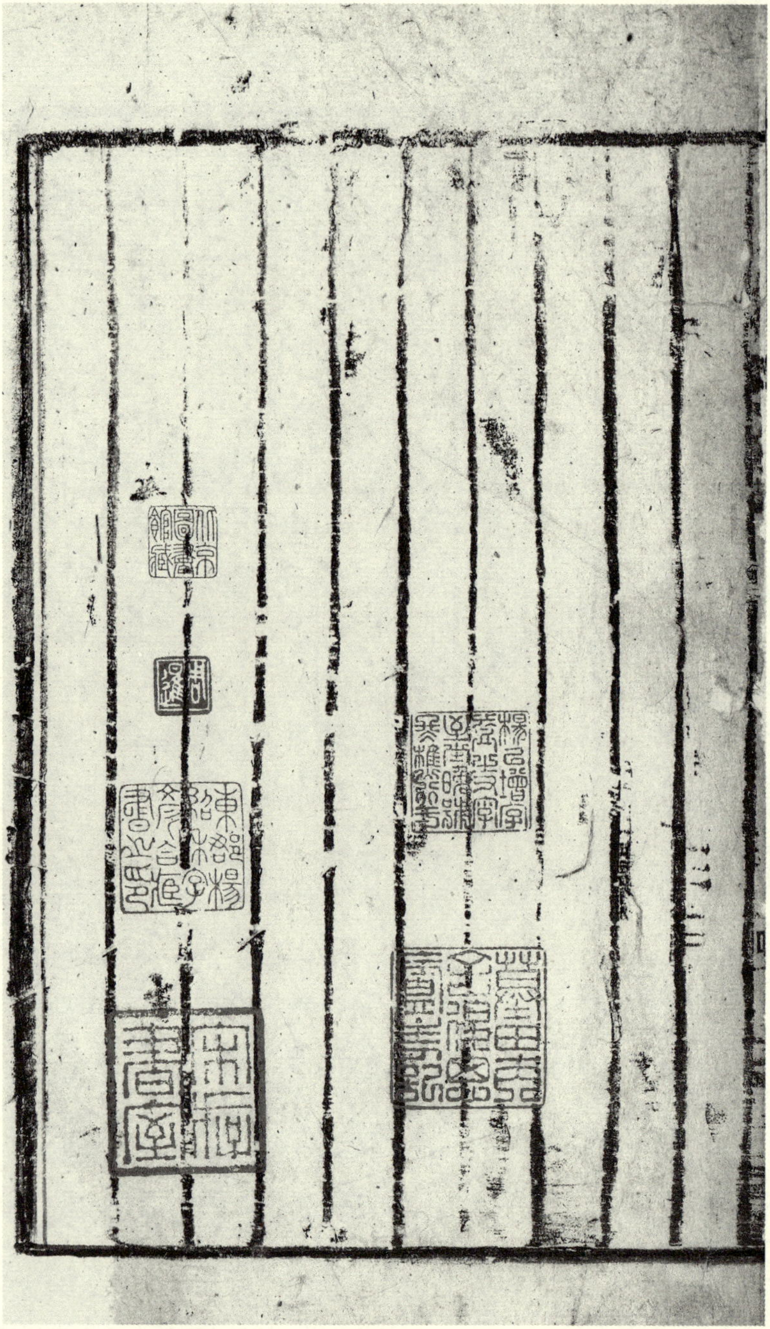